U0510975

涂 圣 伟 ● 著

中国乡村振兴的
制度创新之路

THE WAY OF
INSTITUTIONAL INNOVATION FOR
THE REVITALIZATION OF RURAL AREAS IN CHINA

社会科学文献出版社
SOCIAL SCIENCES ACADEMIC PRESS (CHINA)

前　言

　　新中国成立70年来的乡村发展历程，是一部波澜壮阔的改革发展史，制度变革的影响极为重要和深远。为适应赶超发展战略需求，人民公社、统购统销和户籍管理等制度的实施，将乡村社会和小农经济纳入国家计划轨道，支撑了现代工业体系建设，也导致城乡二元结构的形成与固化。当改革开放进程开启，对农民生产自主权和剩余索取权的重新"赋权"，极大地调动了农民生产积极性，让农业从自我循环积累不足的困境中走了出来，让大量劳动力从土地上解放出来，改革效应向城镇外溢，向其他生产部门传导，乡村经济活力由此迸发。21世纪以来，特别是党的十八大以来，农产品价格形成机制、农村土地制度、集体产权制度等一系列重大改革的深入推进，畅通了要素流动、商品流通渠道，带来要素跨界、产业融合，乡村发展新动能开始不断形成。

　　历史实践已然昭示，制度创新是决定中国乡村发展的关键抉择。当前，中国乡村正迎来一个前所未有的新时代，传统与现代交错激荡，蜕变与重生悄然转换。面向现代化，走向全面振兴，制度创新依然是关键变量。

　　制度创新往往是倒逼产生的。正如习近平总书记所指出的："改革是由问题倒逼而产生，又在不断解决问题中得以深化。"在我国乡村转型实践中，我们观察到不少矛盾甚至冲突现象。例如，一方面是大量农业人口进入城市，城市建设用地指标越来越紧张，甚至出现指标透支；另一方面是农村人口持续减少，但农村居民点用地面积减少不多，部分地区甚至还在继续增长，农村闲置宅基地越来越多。一方面农村集体账面上"趴"了不少资产，按照农业农村部数据，截至2017年底总额为3.44万亿元，村均达到610.3万元；另一方面很多村集体经济却似乎走入了"死胡同"，一些村根本没有集体经济，大量资产得不到有效盘活，发展集体经济困难重重。一方面是城市房屋、厂房等可以抵押融资，另一方面农村集体土地上建设的附属物，有些投资上百万、上千万，在多数地区却不能进行抵押融资。矛盾孕育着改革动力，冲突呼唤新的改革，推进乡村振兴，需要更有效的制度供给。

制度创新往往又是主动的抉择。四十年的改革开放，奠定了乡村更为坚实的物质基础，也蓄积了巨大的制度创新动能。持续多年的城乡人口转移，使千百年来紧张的农村人地关系得到缓和，创新农业经营体制机制有了更多的动力。一系列强农惠农富农政策的实施，构建起一套针对性强、覆盖面广、含金量高的农业支持政策体系，保障了农产品供给安全，提供了深化农业供给侧结构性改革的更大空间。确权登记颁证的持续推进，摸清了家底、明确了身份，让农村"三变"改革基础更加扎实。新一代信息技术广泛应用，体验式消费、参与式消费等需求的增长，为乡村新产业、新业态、新模式的发展创造了更加充分的条件。

正所谓"唯改革者进，唯创新者强，唯改革创新者胜"。中国乡村正在经历一次整体结构性变迁和功能价值重塑过程，唯有用好改革手段，强化制度创新，才能真正激活主体、激活要素、激活市场，让乡村振兴具备内生动力、行稳致远。

　　本书围绕乡村振兴战略这一时代主题，以产权制度和要素市场化配置为重点，聚焦农业农村重点领域的制度创新，力图透视改革实践，探寻改革之路。全书共十一章。第一章为乡村振兴战略总论，对乡村振兴战略总体要求、内在逻辑和基本导向进行系统阐述；第二章聚焦城乡融合发展体制机制和政策体系，廓清城乡融合发展内涵，提出总体构建思路和制度性供给重点；第三章聚焦中国特色农业现代化道路，阐述农业现代化的特征与实现路径；第四章到第十一章，分别围绕农业供给侧结构性改革、农业要素配置效率、农村集体产权制度、农村宅基地制度、农村集体建设用地制度、农村土地金融、工商资本下乡、农村集体经济等重点领域，基于改革"时代之问"，透视改革"梗阻"，探索制度创新方向和路径。

　　中国乡村正在经历前所未有之变革，现象纷繁复杂，需求多元分化，发展迷雾重重，置身其中难免有"云深不知处"之惑。本书只是对乡村振兴背景下农业农村改革相关问题的粗浅探讨，囿于自身能力水平，尚难言系统和深入，也一定存在疏漏和不足，望各位同仁不吝赐教。时代呼唤改革，在迈向现代化的新征程上，改革必将引领农业农村走向全面振兴的彼岸。

目　录

第一章　乡村振兴战略：迈向现代化的伟大创举／1

　　一　时代意义：历史、现实、基础三个维度／3

　　二　乡村振兴战略的总体要求与内在逻辑／7

　　三　战略新导向：坚持农业农村优先发展／15

　　四　乡村振兴需要处理好的若干重大关系／20

　　五　发挥三个积极作用、突破四大领域／28

第二章　融合发展：城乡关系走向平衡的新实践／35

　　一　理解城乡融合的内涵与特征／37

　　二　城乡关系不平衡的突出表现／46

　　三　促进城乡融合发展的经验启示／52

　　四　坚持三个导向、畅通三个循环／57

　　五　完善城乡融合发展制度性供给／63

第三章　农业现代化：中国农业的根本出路／69

　　一　农业现代化的内涵与发展道路／71

　　二　中国农业现代化道路的"特色"／75

三　有效应对农业现代化重大挑战 / 82

四　农村产业融合助推农业现代化 / 89

第四章　供给革命：农业高质量发展的战略路径 / 97

一　两次农业结构调整的循环困境 / 99

二　探寻农业供给结构失衡的根源 / 101

三　改革中不可忽视的衍生风险 / 105

四　扭转"三大结构性失衡"格局 / 110

第五章　要素变革：农业供给侧结构性改革破题的关键 / 113

一　农业要素投入及结构变化趋势 / 115

二　我国农业要素配置效率变化 / 121

三　要素配置总效率走低的根源 / 129

四　提高农业要素配置效率的方向 / 132

第六章　产权改革：城乡融合发展绕不开的议题 / 141

一　农村产权制度改革对城镇的溢出效应 / 143

二　农村产权制度改革与户籍人口城镇化 / 148

三　农村产权制度需要破除的主要障碍 / 153

四　盘活农村"三资"、激活农民"三权" / 155

第七章　宅基地制度：农村土地制度改革深水区 / 159

一　宅基地使用权制度历史变迁与特征 / 162

二　基于公平与效率的制度成效评价 / 166

三　宅基地使用权制度的突出问题 / 172

四　宅基地使用权制度改革的出路 / 178

第八章　集体建设用地：乡村振兴的重要保障 / 185

一　农村集体建设用地流转模式评价 / 187

二　农村集体建设用地流转价格形成 / 191

三　农村集体建设用地流转收益分配 / 195

四　关于若干问题的进一步讨论 / 199

第九章　农地金融：农村土地资本化的有益探索 / 203

一　农村土地金融的概念与主要模式 / 205

二　我国农村土地金融发展基本逻辑 / 208

三　农村土地金融风险分类与风险点 / 217

四　农村土地金融风险防范的经验启示 / 223

五　促进农村土地金融规范发展 / 227

第十章　工商资本：农村经济发展新变量 / 229

一　"卢卡斯之谜"与资本回流 / 231

二　工商资本下乡的综合效应 / 235

三　工商资本下乡的适宜领域 / 240

四　工商资本下乡的主要隐患 / 244

五　有序引导工商资本下乡 / 246

第十一章　农村集体经济：培育乡村振兴新动能 / 247

一　新型农村集体经济的基本内涵 / 249

二　新型农村集体经济的主要特征 / 253

三　新型农村集体经济的运行机理 / 255

四　新型农村集体经济的实践模式 / 259

五　新型农村集体经济面临的困境 / 265

六　创设新型集体经济发展的条件 / 267

参考文献 / 269

第一章
乡村振兴战略：迈向现代化的伟大创举

· · ·

　　乡村的价值在哪里，乡村究竟向何处去，依然是一个令人困惑的时代命题。乡村振兴战略为建设什么样的乡村、如何建设好乡村指明了战略方向，契合现代化发展阶段转变的需求、符合大国小农基本国情农情实际，具备制度、市场、技术等条件，必将开启中国特色社会主义乡村建设新篇章。

· · ·

纵观历史，现代化进程中农业萎缩、乡村衰退是一个世界性的普遍现象，跨越现代化陷阱是全球共同面临的挑战。在以中国为引领的新一波全球现代化浪潮中，乡村必然会经历一场痛苦而深刻的蜕变和重生过程。作为一个发展中大国，将广大乡村、亿万农民同步纳入现代化国家建设进程，所面临的挑战前所未有，其复杂性、艰巨性前所未有。党的十九大准确把握我国"三农"发展新的历史方位，从国家现代化建设全局出发，提出实施乡村振兴战略，为建设什么样的乡村、如何建设好乡村指明了战略方向，顺应了广大农民对美好生活的向往，必将给农业农村发展带来重大而深远的影响，也必将为全球农业农村现代化贡献中国方案。

一 时代意义：历史、现实、基础三个维度

近代以来的百年时间里，广大有识之士围绕中国前途进行了艰苦的探索，乡村建设运动实践无疑占有重要地位。20 世纪二三十年代，以社会实践为基本路径的乡村建设运动持续展开，并触发了人们救治乡村危机乃至中国建设前途的企盼[①]，力图"从乡村入手，去求得中国问题的解决"。晏阳初认为，乡村建设的使命既不是"救济乡村"，也不是"办模范村"，而是要立足于"民族再造"这一艰巨而长期的使命。

在这场声势浩大的乡村建设运动中，影响较大的有晏阳初在定县的乡村平民教育实验活动，梁漱溟在邹平的乡村建设运动，黄炎培、江恒源等在徐公桥、黄墟、善人桥、沪郊的实验，陶行知创办的晓庄试验乡村师范学校等。乡村建设运动一时风起云涌，但大多中途夭

---

① 王先明：《民国乡村建设运动的历史转向及其原因探析》，《史学月刊》2016 年第 1 期。

折。这是因为乡村建设"整体上既没有全国性的阵势，始终未能唤起与动员农民群众广泛参与；也没能对于国家政治与社会变动发生决定的影响，所以从这一方面看却又构不成社会运动的阵势"①，"或者也可以说，它未成为一种社会运动"②。

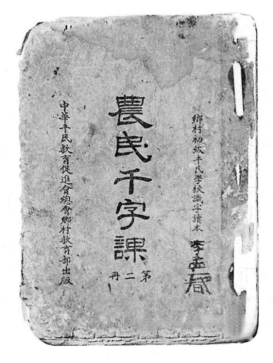

图 1-1 农民千字课

新中国成立后，中国共产党人带领广大农民开展了一系列乡村建设活动，从农业社会主义改造到改革开放以后的乡村工业化、社会主义新农村建设等，农民生产生活条件明显改善，乡村面貌发生翻天覆地的变化。然而，在加快实现现代化的道路上，乡村活力不足、发展

---

① 王先明：《民国乡村建设运动的历史转向及其原因探析》，《史学月刊》2016 年第 1 期。
② 亦农：《乡村建设到哪里去》，《乡村建设》1936 年第 7 期。

滞后的问题一直没有从根本上解决。新时代乡村的价值在哪里，乡村究竟向何处去，依然是一个令人困惑的时代命题。

乡村振兴战略的提出，契合了现代化发展阶段转变的需求、符合大国小农基本国情农情，为新时代建设什么样的乡村、如何建设乡村指明了方向，具备制度、市场、技术等条件，必将掀开中国特色社会主义乡村建设新的一页。

首先，国民经济和社会发展阶段性变化赋予农业农村新使命。当前，我国经济社会发展进入新阶段，突出表现为近年来第三产业对GDP的贡献率、最终消费支出对GDP的平均贡献率以及城镇化率均接近60%，这些指标通常用来表征一个经济体正在走向稳定和成熟阶段。新的发展阶段需要重新调整城乡工农关系，同时也赋予了农业农村新使命。长期以来，农业和农村扮演着食物供给、要素贡献的角色，生产功能、增产导向占主导地位。当经济社会进入高质量发展阶段后，结构性矛盾上升为主要矛盾，经济发展对资源要素量的投入依赖程度下降，这需要农业从增产转向提质，农村从要素供给向生态空间、文化传承、新消费载体等转变。

其次，"大国小农"的基本国情农情决定乡村振兴的必然性。从全球现代化的一般历程看，农业和农村发展呈现两个客观趋向，即农业比重会持续下降、农村人口会不断减少。改革开放以来，我国农业农村发展情况大体符合这一趋势。1978~2018年，我国农业增加值占国内生产总值的比重从28.2%下降至7.2%，农村人口占总人口的比重从82.1%下降至40.4%。在这两个趋势性变化过程中，农业萎缩、农村凋敝、人口老龄化是普遍难题，农村衰落是全球性问题。然而，全球范围内没有一个人口超过10亿的大国实现现代化的先例，我国现代化的进程注定不同于他国，这也意味着即便我国城镇化率达到稳定发展阶段，也还会有几亿农民在农村生产生活，如果任由农业萎缩、农村衰败，顾了城市而丢掉农村一头，我国的现代化将是不完整、不全面、不牢固的。

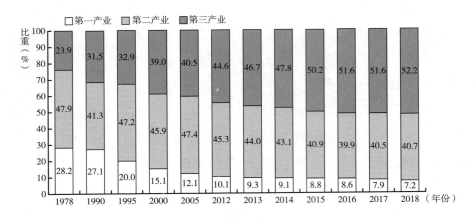

图 1-2 我国三次产业结构变化

资料来源：历年《中国统计年鉴》、2018 年数据来自中华人民共和国 2018 年国民经济和社会发展统计公报。

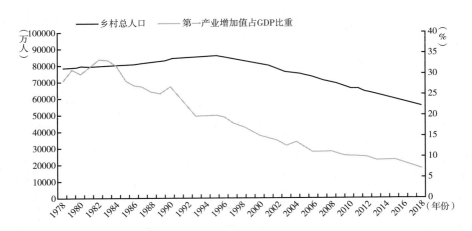

图 1-3 我国乡村总人口和第一产业增加值占 GDP 比重情况

资料来源：历年《中国统计年鉴》。

最后，制度、技术、市场和要素条件交汇为乡村振兴创造基础。当前，实施乡村振兴战略具有广泛的现实基础，制度层面惠农政策持续叠加产生累积效应、技术层面新技术广泛渗透、市场层面需求的升级、要素层面城乡要素流动加强等综合作用，为推进乡村振兴创设有利条件。近年来，我国重要农产品价格、农村集体产权等领域的改革不断取得突破，惠农政策持续叠加产生累积效应，不断激发农村发展活力，调动了城市资源下乡动力。新技术广泛渗透于农业生产、服务、加工、流通和营销等各个环节和农村发展的各方面，为农业功能拓展、产业链延伸提供了条件。人民群众对美好生活有了更多向往，既要吃饱吃好，也要吃得安全、吃得营养、吃得健康，对清新美丽的田园风光、洁净良好的生态环境有了更多期待，这为农业新产业、新业态、新模式发展提供了需求基础。

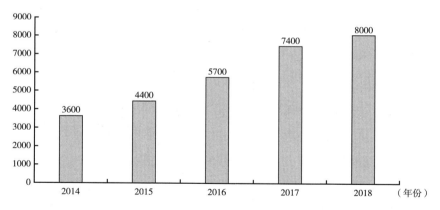

图1-4　全国休闲农业和乡村旅游营业收入

资料来源：农业农村部。

二　乡村振兴战略的总体要求与内在逻辑

实施乡村振兴战略的总要求是"产业兴旺、生态宜居、乡风文明、治理有效、生活富裕"，涉及农村经济、政治、文化、社会、生态文明和党的建设等多个方面，彼此之间相互联系、相互协调、相互促进、相辅相成。

（一）产业兴旺是乡村振兴的基础

农村活不活，农民富不富，根本上取决于农村生产力的发展。产业兴旺是乡村振兴的重点，是乡村政治、文化、社会、生态文明建设的前提和基础。没有兴旺的产业，农民就业增收保障不了，农村留人聚气也会很困难。当前我国农村人口资源要素持续外流，部分农村出现凋敝，关键是产业没有发展起来，特别是非农产业发展不充分。推进乡村振兴，不仅要有鸡犬相闻的田园风貌，更要有充满活力的乡村经济。

关于乡村经济，很多人简单理解为农业，这事实上是一种误解。乡村经济不仅包括农业，还应该有非农产业。20 世纪 80 年代，我国乡镇企业异军突起，带来农村生产力继家庭联产承包责任制后的又一次飞跃，被邓小平夸赞为"这是完全出乎我们意料的最大收获"。1978 年，我国乡镇企业产值占农村社会总产值的比重不到 1/4，1987 年首次超过农业总产值，占比达到 52.4%；到 1998 年，乡镇企业实现增加值 22186 亿元，占国内生产总值的比重达 27.9%，上缴国家税金占全国税收总额的 20.4%。[①] 进入 21 世纪以后，乡镇企业发展经历了一个转型提升阶段，时至今日，乡镇企业依然活跃在农村二三产业、带动农民就业增收方面发挥着重要作用。到 2017 年底，我国乡镇企业总产值达到 85 万亿元，乡镇企业从业人数达到 1.64 亿。

---

① 国家统计局：《乡镇企业异军突起》，国家统计局网站（www.stats.gov.cn），1999 年 9 月 18 日。

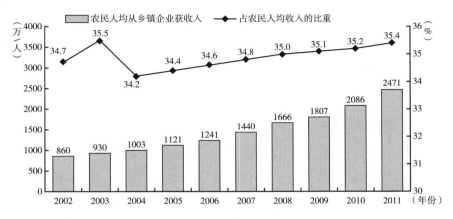

图 1 - 5 2002 ~ 2011 年乡镇企业对农民增收贡献情况

资料来源：宗锦耀、陈建光：《历史不会忘记乡镇企业的重要贡献》，中华人民共和国农业农村部网站，2018 年 7 月 31 日。

　　然而，为了保障主要农产品供给，特别是国家粮食安全，21 世纪以来我国农业农村政策导向更多强调农业生产功能，农村非农产业发展受到一定影响。兴旺农村产业，农业现代化是关键基础，一二三产业融合发展是重要途径，不仅要提升农业生产功能，还要实现生产、生活、生态"三生"功能的全面拓展，发展壮大乡村产业，这是新阶段农业转型升级的要求，也是新技术、新模式变革带来的历史机遇。兴旺农村产业，主线是深化农业供给侧结构性改革，既要加快构建现代农业产业体系、生产体系、经营体系，保障好国家粮食安全，提高供给体系质量和效益，推动供求平衡由低水平向高水平跃升，也要着力城乡融合体制机制和政策创新，在要素自由流动和高效配置上求突破，加快推进农村一二三产业融合，加快新技术、新业态、新模式发展，培育农村产业发展新动能。

（二）生态宜居是乡村振兴的要求

　　生态宜居是乡村振兴的关键，绿色是乡村产业发展、基础设施建设的底色，体现了乡村振兴的品质。中国要美，农村必须美。农村美，美在"看得见山、望得见水"的自然生态，美在尊重自然、顺应自然、保护自然的绿色生产生活方式。过去多年来，增产导向下农业粗放生产，造成资源要素紧绷，耕地被污染，草原面积退化，湿地被侵占，农业环境问题日益突出。同时，由于现代城市生活方式向农村渗透，但农村环保基础设施建设滞后，农村塑料制品越来越多，垃圾污水处理普遍十分困难，"垃圾靠风刮，污水靠蒸发"，农村污染问题日益加重，严重危害群众健康。

表 1 - 1 乡镇、村卫生处理设施情况

单位：%

项目	全国	东部地区	中部地区	西部地区	东北地区
集中或部分集中供水的乡镇	91.3	96.1	93.1	87.1	93.6
生活垃圾集中处理或部分集中处理的乡镇	90.8	94.6	92.8	89.0	82.3
生活垃圾集中处理或部分集中处理的村	73.9	90.9	69.7	60.3	53.1
生活污水集中处理或部分集中处理的村	17.4	27.1	12.5	11.6	7.8
完成或部分完成改厕的村	53.5	64.5	49.1	49.1	23.7

资料来源：国家统计局《第三次全国农业普查主要数据公报》。

实现生态宜居，关键要构建节约资源和保护环境的空间格局、产业结构、生产方式和生活方式，推进人与自然和谐共生的农业农村现代化，让广大农民群众在良好生态环境中生产生活。发展农业生产，不能再以牺牲环境、透支资源为代价；推进农村现代化，不能走上城市"垃圾围城"的老路。这既要加强生态环境保护，搞好人居环境整治，还农村一片青山绿水，也要转变农业生产方式，让绿色生产成为农民自觉的行动。同时，要打通生态与经济之间的良性循环，增加

生态产品和服务供给，将乡村生态优势转化为生态经济优势。最后，还要推进农村传统生活方式与现代文明生活方式的融合，让绿色消费、绿色生活成为农民新时尚。

（三）乡风文明是乡村振兴的途径

"求治之道，莫先于正风俗"。良好的乡风关乎民生福祉、发展大局，乡村振兴离不开文明乡风的涵育。文明乡风，能浸润人心、引领向善，规范行为、凝聚力量，塑造乡村振兴的主体价值。文明乡风是乡村社会得以延续和发展的内核，能为产业发展、生态建设、社会治理提供强有力的精神动力和智力支持。我国几千年持续积淀的乡土文化为乡村发展提供了丰厚的滋养，赋予了乡村独特魅力。当前，社会主义核心价值观已深入人心，但部分农村地区不良风气、陈规陋习仍大行其道，黄赌毒、封建迷信沉渣泛起，成为农村不和谐、不稳定因素。以农村彩礼为例，近年来农村彩礼之风越刮越烈，不少地区彩礼价位不断走高，"儿子娶媳妇，爹娘脱层皮"的现象普遍存在，给农村家庭造成沉重的经济负担。

不仅如此，传统乡村文化秩序的解构，也给乡村发展带来深远影响。在斐迪南·滕尼斯看来，乡村作为一个天然共同体，人与人、人与自然、人与社会的长期互动形成了独特的乡村文化，并规范着人、自然与社会的基本关系结构，维系着正常的生产秩序和生活秩序。然而，在现代城市文明和工业文明冲击下，乡村共同体面临冲击，生活在乡村社会的人们，在享受现代城市文化带来的富足、文明与进步的同时，其内心也承受着文化冲突与价值冲突带来的不确定性和不安全感。[1]

---

[1]　赵霞：《传统乡村文化的秩序危机与价值重建》，《中国农村观察》2011 年第 3 期。

推进乡村振兴发展，不能忽视甚至牺牲乡土文化的独立性和主体性，乡土文化不能成为城市文明的附庸，应促进乡村文化特色与城市现代文化融合，让乡风文明更具时代性、更富生命力。乡风文明，明确了要以何种精神风貌实现振兴的问题。树立文明乡风，抓手在移风易俗。推动移风易俗，不能一简了之、一禁了之，要"引""育""化"结合，加强舆论宣传引导，深化文明素质教育，强化制度规范约束，让孝敬、节俭成为农民自觉追求，让文明乡风吹遍乡村的每一个角落。要促进乡村文化特色与城市现代文化的融合，推动农村传统文化创新性发展，让乡风文明更具时代性、更富生命力。

（四）治理有效是乡村振兴的重要保证

乡村治理是国家治理的重要基础，事关国家治理体系和治理能力现代化，关系广大农民切身利益。党和国家的政策能否得到有效落实，农村社会能否既充满活力又和谐有序，乡村治理极为关键。中国传统乡土社会变迁较少且变迁速度很慢，由于累世聚居而形成以血缘为中心的传统亲属关系占据重要地位的熟人社会。熟人社会有其内在秩序和社会行动逻辑。在熟人社会，村民之间彼此熟悉，相互之间讲究面子和人情，传统社会的软规范、强有力的地方舆论以及内化的道德力量、村民之间的连带关系，以及其他各种办法，可以有效地将"搭便车"者边缘化，从而改变大多数人的合作预期，使合作成为行动者的占优策略。但是，在当前快速的工业化、城镇化进程中，传统农村社会的超稳定结构被逐步打破，村庄内部集聚性因素不断减少，部分地区农村社会治理面临自治弱化、法治缺位、德治不彰的困难局面，村民大会"会难开、事难议"，"情""理"大于"法"，乡村治理面临前所未有的挑战。

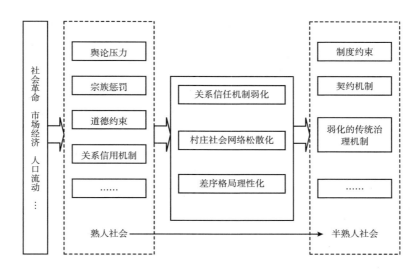

图 1 - 6　乡村社会"搭便车"治理机制的变迁

资料来源：涂圣伟：《社区、企业、合作组织与农村公共产品供
给》，经济科学出版社，2011，第 27 页。

　　推进乡村振兴，需要健全乡村治理体系，推动乡村治理能力现代
化。重构乡村社会动员机制，有效调动、高效组织各类主体参与乡村
振兴，实现有效治理，需要健全自治、法治、德治相结合的乡村治理
体系。其中，自治为本、德治为基、法治为要，只有"三治并举"、
有机结合，才能让自治运行更加高效，法治在村庄落地生根，道德建
设真正融入村民日常生活，人民获得感、幸福感、安全感才会更加充
实、更有保障、更可持续。

（五）生活富裕是乡村振兴的目的

　　生活富裕是乡村振兴的根本，是产业发展、生态建设、文化建
设、社会治理的重要目标。中国要富，农民必须富。农民生活是否富
裕，事关全面小康目标达成，事关共同富裕承诺兑现。我们追求的乡
村振兴，必然是惠及广大农民的振兴，是让亿万农民过上更加富裕体

面有尊严生活的振兴。

　　近年来，我国农民收入连续较快增长，但增收基础还比较脆弱，农村民生短板还很突出，不少农民生活还难言富裕。以乡村文化教育设施为例，据第三次全国农业普查主要数据公报，东部地区、中部地区、西部地区和东北地区有幼儿园、托儿所的村占比均只有 30% 左右，有农民业余文化组织的村占比均未超过 50%。

　　推进乡村振兴，必须顺应广大农民群众对美好生活的新期待，围绕农民群众最关心、最直接、最现实的利益问题，千方百计增加农民收入，保持农民持续增收好势头，切实缩小城乡收入差距。同时，瞄准乡村民生短板，加快城乡基础设施互联互通，推动公共服务向农村延伸、社会事业向农村覆盖，改善农村人居环境，提高公共服务水平，全面提升农民生活质量，让广大农民在共建共享发展中有更多获得感，让他们居住工作在农村不仅能享受美丽的田园风光，还能过上有品质的生活，使农村成为令人向往的地方。

表 1－2　乡镇、村文化教育设施

单位：%

项目	全国	东部地区	中部地区	西部地区	东北地区
有幼儿园、托儿所的乡镇	96.5	98.7	98.3	94.0	96.9
有小学的乡镇	98.0	98.7	99.5	97.3	95.2
有图书馆、文化站的乡镇	96.8	96.2	98.0	96.6	95.2
有剧场、影剧院的乡镇	11.9	18.5	14.4	7.9	5.9
有体育场馆的乡镇	16.6	20.5	19.4	13.5	12.1
有公园及休闲健身广场的乡镇	70.6	83.2	73.9	59.4	84.0
有幼儿园、托儿所的村	32.3	29.6	36.5	33.0	25.8
有体育健身场所的村	59.2	72.2	55.5	46.0	62.8
有农民业余文化组织的村	41.3	44.4	40.8	36.7	47.1

　　资料来源：国家统计局《第三次全国农业普查主要数据公报》。

三 战略新导向：坚持农业农村优先发展

实施乡村振兴战略，坚持农业农村优先发展是总方针。在我国城乡关系调整和发展过程中，我们曾实行过重工业优先战略，配套的统购统销、人民公社，以及户籍制度的实施，造成了城乡二元分割格局。由此有人担心，坚持农业农村优先发展，是否会造成新的发展不平衡，特别是在城镇化进程尚未完成的条件下，城镇化会不会受此影响。当前坚持农业农村优先发展，是在兼顾城乡发展、城乡利益的基础上，根据现实需要做出的适当侧重，是城乡融合发展两点论和重点论的统一。

（一）坚持农业农村优先发展是必然选择

其一，国家现代化的战略要求。农业、农村、农民问题是关系国计民生的根本性问题，也是关系现代化全局的重大问题。习近平总书记强调，没有农业现代化，没有农村繁荣富强，没有农民安居乐业，国家现代化是不完整、不全面、不牢固的。党的十九大对新时代中国特色社会主义现代化建设做出战略安排，明确了实现"两个一百年"奋斗目标的时间表和路线图。在全面建设社会主义现代化国家的新征程中，农业现代化不能缺位，农村绝不能成为荒芜的农村、留守的农村，农民绝不能成为现代化的旁观者。在快速工业化、城镇化进程中，尽管我国农业比重持续下降、农村人口不断减少，但农业在国民经济中的基础地位依然不可替代，大量人口生活在农村的基本国情没有改变。坚持农业农村优先发展，巩固提升农业基础地位，推动乡村振兴，是中国特色社会主义现代化建设的必然要求。

其二，破除城乡二元结构的战略安排。城乡关系是我国经济社会关系中最重要的一对关系，协调好城乡关系一直是国家重大政策调整的主线。正确处理好工农、城乡关系，几乎是每个国家实现现代化都要破解的难题。我国城乡二元结构由来已久，工农城乡关系历经阶段性变化，特别是党的十八大以来，城乡发展一体化的系列重要思想、重要论断、重大战略的贯彻和落实，推进工农城乡关系逐步进入和谐发展轨道，以工促农、以城带乡、工农互惠、城乡一体的新型工农城乡关系框架基本形成。但不容否认的是，我国城乡二元结构并没有根本破除，城乡要素平等交换和公共资源均衡配置尚未真正实现，城乡发展差距不断拉大趋势没有根本扭转。只有坚持农业农村优先发展，并通过城乡融合发展体制机制、政策体系来保障和落实，才能真正理顺工农关系、城乡关系，从根本上缩小城乡发展差距。

其三，解决"三农"问题的现实需要。改革开放特别是 21 世纪以来，我国农业和农村发展取得的成就举世瞩目，粮食生产能力持续上台阶，农民收入实现历史性连增，农村社会更加和谐稳定，但农业结构性矛盾突出，高成本、高消耗农业可持续性面临严峻挑战；农村基础设施和民生短板突出，自我发展能力亟待提高；农民增收后劲不足，城乡收入差距尚未根本缩小。总体看，农业现代化依然是"四化"最薄弱的环节，农村依然是全面建成小康社会的突出短板。只有坚持农业农村优先发展，创新支持方式，加快构建城乡融合发展体制机制和政策体系，才能尽快补齐农业农村短板短腿，从而为整个国家的现代化提供坚强有力的支撑。

（二）以新发展理念引领农业农村优先发展

坚持农业农村优先发展，不能延续传统发展模式，不是简单做政策累加、搞补贴刺激和投入加码，应秉承创新、协调、绿色、开放、共享的新发展理念，推动农业农村实现更加平衡、更加充分的优先发展。

1. 优先发展要以创新为动力

当前有效应对农业农村的各类重要挑战、抵御重要风险、克服重要阻力、解决重要矛盾，必须依靠创新，根本出路也在创新。农业农村优先发展的创新动力，主要是科技创新和体制机制革新。要将创新置于乡村振兴的优先地位，贯穿于农业发展和农村建设的方方面面，依靠科技创新延伸农业产业链，提升农业价值链，拓展农业多重功能，培育农村新产业、新业态、新模式，推动农村产业兴旺；依靠深化农业供给侧结构性改革，创新体制机制，推进生产要素在城乡之间自由流动和优化配置，提高农业供给体系质量和效益，培育农村发展内生动能。

2. 优先发展要以协调为标尺

习近平总书记指出，"协调既是发展手段又是发展目标，同时还是评价发展的标准和尺度"。农业农村优先发展的协调标尺，就是正确处理好发展中的一些重大关系。要坚持补齐短板与拓展空间并举，处理好农业农村发展与新型城镇化建设的关系，促进二者相互支撑、相得益彰；处理好推进农业现代化与发展农村二三产业的关系，实现农村一二三产业融合发展；处理好维护家庭经营基础性地位和发展集体经济的关系，充分释放统分结合的制度潜力；处理好农村产业兴旺与社会有效治理之间的关系，不断增强发展的整体性和协调性。

3. 优先发展要以绿色为底色

绿色是农业永续发展的必要条件，是农村生态宜居的内在要求。农业农村优先发展，不能以牺牲环境、透支资源为代价。要顺应人民群众对清新空气、干净饮水、安全食品、优美环境的强烈要求，将山、水、林、田、湖、草作为一个生命共同体统筹谋划，加强生态环境保护，搞好人居环境整治，守住"看得见山、望得见水"的自然生态；加快转变农业生产方式，构建健康文明的生活方式，提供更多生态产品，推进人与自然和谐共生的农业农村现代化，让广大农民群众在良好生态环境中生产生活，让绿色消费、绿色生活成为农民新时尚。

4. 优先发展要以开放为手段

农业是开放系统，农村是开放空间。农业农村优先发展，不能唯农业论农业、就农村谈农村，必须在开放中注入发展活力，拓展发展空间。要顺应国家开放发展的大趋势，在维护国内农业产业安全、确保粮食等重要农产品供给安全的前提下，进一步扩大农业对外开放，统筹利用好国际国内两个市场、两种资源，着力塑造农业对外开放新优势，以高水平开放促进农业转型升级；要积极引入和充分利用城市人才、技术、资金等要素，提高资源要素配置效率，增强发展后劲。

5. 优先发展要以共享为宗旨

中国要富，农民必须富。我们追求的农业优先发展，必然是惠及广大农民的发展，是让亿万农民过上更加富裕体面有尊严生活的发展。要顺应广大农民群众对美好生活的新期待，千方百计增加农民收入，推进城乡基础设施互联互通、共建共享，促进城乡基本公共服务制度并轨、标准逐步统一，加快补齐农村基础设施短板，提高公共服务水平，全面提升农民生活质量，全方位缩小城乡差距，让广大农民在共建共享发展中有更多获得感，过上幸福美满的好日子。

（三）落实优先发展总方针

在市场发挥资源配置决定性作用的条件下，保障农业和农村优先发展，不能单纯依赖行政手段配置资源，需要发挥政府"有形之手"和市场"无形之手"的合力，优先考虑"三农"干部配备，优先满足"三农"发展要素配置，优先保障"三农"资金投入，优先安排农村公共服务，形成发展长效动能。

1. 发展规划优先编制

我国目前大约有 260 万个自然村，相比城镇而言，相当一部分乡村无规划或规划不实用，造成乡村无序建设和资源浪费。随着以城市为中心的建设向城乡融合发展转变，推进乡村振兴，需要充分发挥规划的战略导向作用，优先规划好、建设好广大农村。要将乡村规划纳入县（市）域规划体系，加快县域乡村建设规划编制或修编工作，统筹乡村空间、资源、设施和建设。乡村规划编制既要兼顾弥补现有短板，更要着眼未来发展，立足城乡人口流动，前瞻性地统筹安排重要基础设施和公共服务设施项目；要遵循问题导向，着眼农村人居环境的薄弱环节，发挥村民的主体作用，引导村民积极参与村庄规划编制，明确建设重点和时序，提高规划的实用性。

2. 财政支出优先保障

支持保护制度是现代化国家农业农村政策的核心，也是我国推进农业农村现代化的必然要求。近年来我国农业稳定发展、农民稳步增收、农村条件不断改善，财政的强有力支持功不可没。目前我国农业基础还不稳固，农村发展的短板还很突出，要把农业农村继续作为财政支出的优先保障领域，形成投入稳定增长机制，确保对农业和农村的投入力度不减弱、总量有增加。要着眼弥补农业农村发展短腿短板，进一步完善财政支农投入机制，优化财政支农支出结构，转换资金投入方式，提高财政支农效能。充分发挥财政资金的杠杆作用，采用政府购买服务、政府和社会资本合作等多种方式，引导更多的金融资本和社会资本投向"三农"领域。

3. 改革收益优先分配

长期存在的城乡二元体制，造成城乡之间、工农之间要素不平等交换，农业农村利益被侵蚀。增强农业农村发展的内生动力，需要在深化改革过程中，建立起更加平等的要素交换关系，让利益更多地留在农村、留给农民。要深化农村土地制度改革，建立兼顾国家、集体和个人的土地收益分配机制，合理提高农民分配比例，让农民分享更多土地增值收益。完善粮食收储制度和农产品价格形成机制，注重发挥市场形成价格作用，保持农产品价格合理水平，让农民从事农业生产能够获得合理收益。创新农村产业融合利益联结机制，支持农民与其他新型经营主体构建更加紧密的利益关系，让农民分享更多产业链增值收益。

4. 公共产品优先供给

公共产品和服务供给不足，是制约农业农村现代化的突出短板。我国农村基础设施建设历史欠账较多，公共服务水平不高，与农村居民对美好生活的需求不相匹配。坚持农业农村优先发展，需要把国家基础设施建设和社会事业发展的重点放在农村，着力提高农村基础设施和公共服务供给水平。加强农村基础设施建设，重点在创新农村基础设施投融资机制，推动城镇基础设施加快向农村延伸，打通农村基础设施"最后一公里"，提升互联互通、共建共享水平；增加农村公共服务供给，重点要推动城镇公共服务向农村深度覆盖，实现从制度并轨向标准统一转变，提高农村公共服务水平，逐步实现城乡基本公共服务均等化。

四　乡村振兴需要处理好的若干重大关系

实施乡村振兴战略，实质上是对影响农业农村发展的若干重大关系的调整和理顺，其中，城与乡的关系、人与地的关系、统与分的关系、予与活的关系又最为关键和重要。

（一）"乡"与"城"的关系

城乡关系的调适与发展，是中国社会结构性变迁的重要组成部分，也是我国重大政策调整的主线之一。改革开放以来的经验表明，城乡二元体制障碍破除越快，城乡关系越协调，农业发展农民增收基础就越稳，整个经济社会发展大局就越有保障。城镇化与农业农村现代化相辅相成，城镇化离不开农业农村现代化的强力支撑，农业农村现代化需要城镇化的辐射带动。城镇化发展不充分，农业农村现代化必然受到影响，反之亦然，没有农业农村现代化，城镇化发展质量也将大打折扣。实施乡村振兴战略，既是对过往城乡关系调整实践经验的继承，也是新阶段统筹城乡关系的时代拓展。

改革开放以来，我国城镇化经历了一个起点低、速度快的发展过程，城镇化率从 1978 年的不足 20% 提高到 2018 年的 59.58%。然而，我国户籍人口城镇化率仅为 43.37%，二者相差 16.21 个百分点。不论从城镇化率提升还是从城镇化质量提升来说，我国城镇化进程都还远远没有结束。

图 1－7　近年来我国城镇化率变化

作为一个尚未完成城镇化进程的大国来说，实施乡村振兴战略与新型城镇化建设不应彼此否定、相互割裂，二者应该相辅相成、互促共进。

一方面，城镇化依然是解决我国农业农村农民问题的重要途径。我国人均耕地面积仅为世界平均水平的38%，户均耕地面积仅为5亩左右，经营规模在50亩以上的新型农业经营耕地总面积比重还比较低，在超小规模经营、资源紧张约束条件下推进农业现代化，需要提升城镇化发展质量，促进农业人口有效转移，为农业适度规模经营腾出空间，为提高农业生产效率创设条件。同时，推进农村一二三产业融合发展，需要发挥小城镇生产要素和产业集聚的平台和纽带作用。目前我国小城镇集聚经济和人口的能力普遍不足，对农村产业融合发展的承载能力不够，需要优化城镇结构，推动大中小城市和小城镇协调发展，辐射带动农业农村发展。

另一方面，在城镇化加快推进阶段，满足城乡居民多层次消费需求、保持经济社会稳定运行，需要发挥乡村"压舱石"和"稳定器"的作用；解决农业转移人口"半城市化"问题，提高户籍人口城镇化率，需要全面深化农村改革，在农村土地制度、集体产权制度改革上尽快取得突破。

实施乡村振兴战略，是基于我国城乡关系变化新特征做出的全局性安排，是在城镇化进程中前瞻性、系统性解决乡村问题的战略设计。近年来，随着户籍制度、"人地挂钩""人钱挂钩"等重大政策的出台，我国城镇化建设的"四梁八柱"主体框架已经形成，逐步步入稳定发展轨道。在这种背景下，实施乡村振兴战略，将发展的重心向农业农村倾斜，是在兼顾城乡发展、城乡利益的基础上，根据现实需要做出的适当侧重，是城乡融合发展两点论和重点论的统一，是发展平衡和不平衡的统一。

（二）"人"与"地"的关系

处理好农民和土地的关系，是新形势下深化农村改革的主线，也是乡村振兴的基础保障。从历史上看，人地关系不协调，往往是农村社会矛盾的焦点、各种冲突的源头。推进乡村振兴，必须处理好"人"与"地"的关系。特别是在城乡人口流动的背景下，处理人地关系已经超越农村范畴，成为牵动城乡发展的重大问题。

一方面，城镇化进程中，大量农业转移人口进城，部分长期在城镇定居生活，但农村资产权益处置通道不畅，造成部分地区农地抛荒、宅基地大量闲置，需要尽快探索农村土地权益依法自愿有偿退出机制，让农民"带资进城、安心落户"。据《中国农村发展报告（2017）》，当前我国农村居民点空闲和闲置用地面积多达 3000 万亩，2000～2011 年，全国农村人口减少 1.33 亿人，农村居民点用地面积反而增加了 3045 万亩。

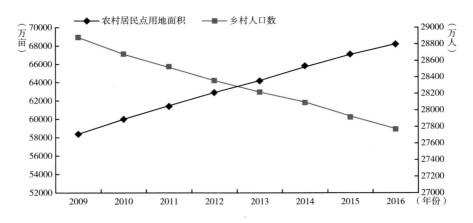

图 1-8 我国乡村人口数与农村居民点用地面积

资料来源：乡村人口数来源于《中国统计年鉴 2018》、农村居民点用地面积数来源于自然资源部土地调查成果共享应用服务平台。

　　另一方面，社会资本、城市人口下乡趋势明显，对农村土地的需求越来越强。如何在稳定土地承包关系的前提下，合理保障这部分群体的土地权益，让有意愿、有能力长期在农村从事生产或定居的"新农人"逐步享有与农民同等的权益，是未来改革不可回避的问题，唯有如此，才能让新农人"归心农村、融入农村"。

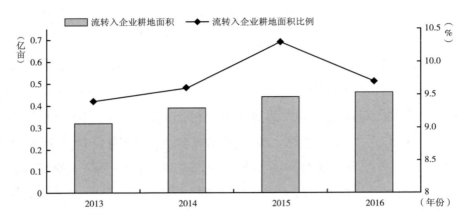

图 1 - 9　2013 ~ 2016 年工商资本流入土地面积

资料来源：《农村经营管理》历年有关"农村家庭承包耕地流转情况"的报告。

（三）"统"与"分"的关系

　　以家庭承包经营为基础、统分结合的双层经营体制，无疑是改革开放最为重要的制度创新之一。这一基本经营制度延续至今并展现出广泛的适应性和强大的生命力，带来农村生产力的历史性飞跃和发展面貌的巨大变化。然而，或基于强制合作化的历史恐慌记忆，或基于对集体经济内涵和功能的认识偏差，实践中家庭经营和集体经营事实上"一条腿长、一条腿短"，重"分"轻"统"、"统"少"分"多，统分结合的制度潜能并没有得到充分释放，"集体无用""集体过时"论调不绝于耳。

　　集体经营陷入困境，根本在于集体产权制度没有充分放活。我国目前有 58 万个村级集体经济组织，拥有土地等资源性资产 66.9 亿亩，2017 年各类账面资产 3.44 万亿元，大体上全国平均每个村 610.3 万元。然而，此前由于缺乏法人地位，农村集体经济组织不能在工商部门登记取得经营资格，不能从金融部门获得贷款，自主经营活动受到限制，大量资产无法得到有效盘活，成为沉睡的"死资产"，无法转变为农民收入的来源。

　　推进乡村振兴，优化配置农业生产要素，拓宽农民增收渠道，既要巩固和完善家庭经营在我国农业经营制度安排中的基础地位，这是由农业自身特性所决定的，也要加快探索新型农村集体经济的有效实现形式，创新农村集体经济运行机制，发展壮大集体经济，充分体现集体优越性，强化共同富裕的基础保证。

　　令人振奋的是，2017 年 3 月 15 日十二届全国人民代表大会第五次会议表决通过了《民法总则》，赋予农村集体经济组织特殊法人地位。2018 年 11 月，农业农村部首次向北京市海淀区温泉镇股份经济合作联合社、山西省太原市杏花岭区窑头村股份经济合作社、上海市闵行区虹桥经济联合社、湖南省长沙市雨花区井塘股份经济合作社、西藏自治区曲水县才纳村经济合作联合社、江苏省南京市江宁区章村社区股份经济合作社、安徽省凤阳县小岗村股份经济合作社、内蒙古自治区苏尼特左旗赛罕塔拉嘎查股份经济合作社、河南省范县东张村股份经济合作社、新疆维吾尔自治区沙湾县城郊东村股份经济合作社等来自全国 10 个新成立的农村集体经济组织颁发了登记证书。领取了合法"身份证"的农村集体经济组织，不仅具有法人地位，还可以开设银行账户、从事经营管理活动，发展活力有望得到释放。

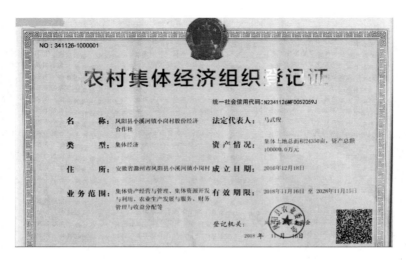

图 1 - 10　安徽省凤阳县小岗村股份经济合作社登记证书

资料来源：央视新闻客户端。

（四）"予"与"活"的关系

21 世纪以来，国家高度重视"三农"发展，以农业税取消和一系列强农、惠农、富农政策持续出台为标志，国家与农民之间的利益关系实现由"取"向"予"的根本转变。中央一号文件连续 16 年聚焦"三农"，凸显了"三农"重中之重的地位。政策稳、政策好、政策实，是农业稳定发展、农民稳步增收的重要保障。

表 1 - 3　21 世纪以来 16 个中央一号文件主题

年份	文件名称	主题
2004	关于促进农民增加收入若干政策的意见	促进农民增收
2005	关于进一步加强农村工作　提高农业综合生产能力若干政策的意见	提高农业综合生产能力
2006	关于推进社会主义新农村建设的若干意见	社会主义新农村建设
2007	关于积极发展现代农业　扎实推进社会主义新农村建设的若干意见	发展现代农业

年份	文件名称	主题
2008	关于切实加强农业基础设施建设　进一步促进农业发展农民增收的若干意见	加强农业基础设施建设
2009	关于2009年促进农业稳定发展　农民持续增收的若干意见	农业稳定农民增收
2010	关于加大统筹城乡发展力度　进一步夯实农业农村发展基础的若干意见	统筹城乡发展
2011	关于加快水利改革发展的决定	水利改革发展
2012	关于加快推进农业科技创新　持续增强农产品供给保障能力的若干意见	农业科技创新
2013	关于加快发展现代农业　进一步增强农村发展活力的若干意见	发展现代农业
2014	关于全面深化农村改革　加快推进农业现代化的若干意见	深化农村改革
2015	关于加大改革创新力度　加快农业现代化建设的若干意见	农业现代化
2016	关于落实发展新理念　加快农业现代化　实现全面小康目标的若干意见	农业现代化
2017	关于深入推进农业供给侧结构性改革　加快培育农业农村发展新动能的若干意见	农业供给侧结构性改革
2018	关于实施乡村振兴战略的意见	乡村振兴
2019	关于坚持农业农村优先发展　做好"三农"工作的若干意见	农业农村优先发展

　　不容否认，目前我国农业基础还不稳固，农村发展短板还很突出，推进乡村振兴，"予"的力度不仅不能减少，而且应继续增加。2017年，国家财政用于农、林、水的各项支出达到17.8万亿元，较2010年增加9847.4亿元。但是，受限于国际规则、国家财力增长压力，"予"的空间会有所缩窄，实现乡村振兴，既要保持"予"的连续性，更要注重发挥"活"的积极作用。

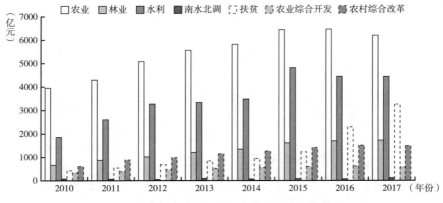

图 1-11 国家财政用于农林水各项支出

资料来源：《中国农村统计年鉴 2018》。

所谓"活"，就是要通过农村体制机制的进一步放"活"，改善城乡资源要素不平等交换关系，让农村"沉睡"资源要素流动"活"起来，让农村农民享受更多资产增值收益，让乡村"活"起来，形成乡村振兴的内生动力。

五 发挥三个积极作用、突破四大领域

作为一个拥有 13 亿多人口的大国，中国推进乡村振兴是一项极为复杂的系统工程，需要充分发挥市场决定性作用和更好发挥政府作用，突出重点、兼顾长远，分阶段有序推进。

（一）发挥三个积极作用

1.发挥党组织领导作用

习近平总书记 2016 年在安徽凤阳小岗村农村改革座谈会上强调，党管农村工作是我们的传统，这个传统不能丢。实施好乡村振兴战略，办好农村的事情，关键在党。乡村振兴战略作为党和国家的重大决策部署，是一项复杂系统工程，需要发挥党总揽全局、协调各方的作用，健全党管农村工作领导体制机制和党内法规，增强领导农村工作本领，加强"三农"工作队伍建设，压实责任、夯实基层，把党管农村工作的要求落到实处，为乡村振兴提供坚强有力的政治保障。

2. 发挥规划引领作用

习近平总书记强调，实施乡村振兴战略是一篇大文章，要统筹谋划，科学推进。推进乡村振兴具有前所未有的长远性和全局性，必须坚持规划先行，加快形成城乡融合、区域一体、多规合一的规划体系，强化乡村振兴战略的规划引领作用。过去农村建设过程中，一些地方对农村经济、人口结构等变化趋势把握不准，缺乏科学规划，造成基础设施投资低效甚至浪费，走过一些弯路。推进实施乡村振兴战略，需要树立城乡融合、一体设计、多规合一理念，通过规划来细化、实化工作重点和保障措施，分类扎实有序推进乡村振兴。

3. 发挥制度保障作用

改革是乡村振兴的法宝，推动乡村振兴落地见效，需要把制度建设贯穿其中。从新中国成立以来我国"三农"发展实践看，每次农业制度和政策的重要调整，与之伴生的往往是工农关系、城乡关系的深刻演变。实施乡村振兴战略，推进城乡融合发展，需要加快破除城乡二元体制机制弊端，突破利益固化樊篱，以农村土地制度、集体产权制度、公共资源配置机制、要素市场化配置机制等为重点，抓好"人、地、钱"三要素，建立健全城乡融合发展体制机制，构建以提质为导向、符合"三农"发展阶段转换要求的支持政策体系，激活主体、激活要素、激活市场。

（二）率先突破的重点领域

1. 农村产业融合由点及面

农村产业融合是产业组织方式和形态的重要突破和创新，是实现产业兴旺的重要途径。当前，我国制度、技术、市场和要素条件的深刻变化和交互影响，正在集聚和催生农村产业融合发展的新动能，产业融合前景广阔。但从实践看，目前我国农村产业融合进展较快，但层次浅、水平不高，推动产业融合不仅在思想认识上没有完全厘清，在实践中也存在不少障碍。

农村产业融合所催生出的新产业、新业态、新模式，犹如大树上的果实，不少地方在推进三产融合方面，只看到树上的果实，却忽视厚植树下沃土。要想三产融合这棵大树根深叶茂、开花结果，必须营造良好的发展生态。

一方面，构建适应新产业、新业态发展的政府管理和支持模式，管好政府"有形之手"，避免行政过度干预或缺位对产业融合带来负面影响。事实上，在新经济、农产品加工等领域，政策急刹车或"猛给油"导致产业过度波动，这样的教训不少。同时，加快推动已经出台的农村产业融合政策落地生根，切实解决好用地难、融资难等痛点问题，为工商企业、农民合作社、家庭农场等经营主体参与产业融合提供保障。

另一方面，做好一些管长远、管根本的基础制度建设，包括信用体系、要素市场体系、指标统计体系等。市场经济从一定程度上来说就是信用经济，农村产业融合涉及的主体复杂，但农村信用体系建设滞后，导致契约稳定性不强，市场交易成本高；同时，农村产业融合建立在要素自由流动基础上，但目前我国要素市场建设还比较滞后，限制了要素自由流动和优化配置。最后，确保农村产业融合顺利推进，需要有科学的统计指标体系，目前由于边界不清，不少地方将农村产业融合当成一个筐，什么都往里面装，而真正需要扶持的产业和项目得不到有效支持。

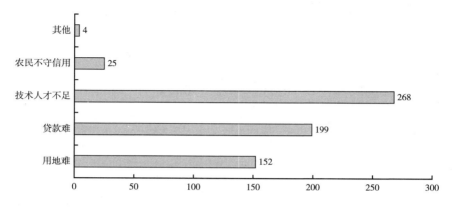

图 1 - 12　工商资本参与乡村振兴面临的主要困难

资料来源：数据来自对 338 家下乡工商企业的调查，本题在设计时为多选题。

2. 农村土地制度改革破题

土地制度事关长远发展，土地制度改革不破题，乡村振兴进程就会受阻。事实上，目前农村土地制度已经跨越城乡，成为城乡两个空间融合发展的关键问题，加快"三块地"改革已经刻不容缓。然而，土地制度改革涉及的利益十分复杂，又极为敏感，既需要稳妥审慎，也应该大胆突破。

目前，农村土地制度三项改革试点进展多年，已取得了一些好的经验和模式，需要在总结提炼后上升为政策并逐步推开。进一步深化农村土地制度改革，既要"盯住地"，又要盯住人地关系。

一是在保持土地承包关系稳定并长久不变的前提下，要尽快完成土地确权登记颁证，完善承包地"三权分置"制度，创新符合规定的新增人口获得承包地方式，确保第二轮土地承包到期后再延长三十年政策落地，赋予农民充分而有保障的土地权利。

二是针对进城落户农民或有稳定非农就业收入、长期在城镇居住生活的农民，不仅要维护好其土地承包经营权，而且要加快探索土地承包经营权有偿退出机制，在有条件的地区开展土地承包经营权永久退出试点。

三是针对下乡新型经营主体，要维护好其合法取得的农村土地经营权，加快完善农村土地承包经营权抵押相关配套政策，健全承包经营权抵押处置机制，强化农民土地用益物权的财产属性，有效盘活承包经营权。条件成熟后，加快探索符合条件的下乡新型经营主体获得土地承包权的方式和途径。

3. 新型集体经济壮大

发展壮大农村集体经济，已成为新时期农村生产力和生产关系调整的重要内容。实践已经表明，凡是集体经济实力比较强的乡村，凝聚力和发展活力就更足，没有集体经济的充分发展，乡村治理、公共产品供给就缺乏物质基础。当前已经不是要不要集体经济，而是要什么样的集体经济的问题，我们要的集体经济就是新型集体经济。

发展新型集体经济，首先必须明确其内涵，即新时代条件下集体经济的实现形式究竟有哪些？如果将集体经济简单视为村集体所有制经济，其发展空间必然受到限制。在明确内涵的基础上，需要将其提高到支持家庭经营同等重要的高度，建立起系统化、常态化的政策支持体系。

其次，要在集体资产盘活上下功夫。尽快完善农村集体经济组织成员资格认定办法，建立动态调整的集体经济组织成员制度，逐步扩大集体资产可交易的范围，让"人"和"资产"真正流动起来并实现有效配置。有条件的地区可以积极探索集体经济混合所有制改革，创新集体经济的实现形式。

最后，推动农村"政经分离"，明确新型集体经济组织与村两委的权责边界，使新型集体经济组织逐步摆脱"沉重的包袱"。加强农村集体经济组织治理机制建设，创新农村集体经济运行机制，健全人才队伍，构建有效的决策、激励和监督机制，确保集体资产实现保值增值。

4. 农民持续稳步增收

拓宽农民增收渠道，促进农民增收，是乡村振兴的核心目标和根本落脚点。持续多年的高增长后，当前农民增收势头已显疲态，新的减收因素不断积累，农民收入步入低速增长期的挑战加大。当前，促进农民持续稳定增收的基础是应对好重要农产品价格"下行"和劳动力价格"上行"压力，稳定家庭经营收入和工资性收入"双引擎"，确保农民收入增速下滑不失速。

一是政策挖潜促增收。政策支持是农民持续稳定增收的基础保障。实践中一些惠农富农政策在操作落地上持续性、精准性不强，政策助农增收潜能还有待进一步释放。例如，农业支持政策效果外溢，流通环节分利过多，农民真正得到的实惠不多。新常态下促进农民增收，国家政策支持不仅不能"抽薪"，还要进一步"加火"，但这并不意味着要一味增加财政投入总量、搞政策叠加，而是要在抓好政策落地生根上想办法，在用足、用好、用活现有政策上挖潜力。

二是深化改革促增收。改革是农民持续稳定增收的强大动力。从历史上看，农村改革进展较快的时期，往往也是农民收入增长较快的时期，反之增速就会放缓。当前我国农业农村发展进入新阶段，无论是化解农业供给结构性矛盾，还是构建农民持续增收长效机制，从根本上都要靠深化改革。新常态下依靠改革促增收，既不能"零敲碎打、浅尝辄止"，也不能只在农村内部"转圈圈"，要着眼工农城乡等重大生产关系调整，在城乡改革联动上、在农村综合改革上、在土地等关键制度改革突破上下更大功夫，充分释放改革促增收的红利。

三是强化创新促增收。创新是农民持续稳定增收的重要途径。当前，破解农业发展的"天花板、紧箍咒"，促进农民增收，关键在创新、出路在创新、潜力在创新。强化创新促增收，关键要聚焦"两类创新"、抓住"两类人群"。所谓"两类创新"，既要在科技创新上有更大突破，推动农业从传统要素主导的发展转为科技、人才等创新要素主导的发展，又要在农业经营模式、商业模式创新上有更大作为。"两类人群"是指农业新型经营主体和返乡农民工，要发挥农业新型经营主体在应用新技术中的示范作用和创新中的引领作用，带动广大农民增收致富；要结合返乡农民工创业特点和需求，加大农民工返乡创业创新支持力度，但也要防范拔苗助长、蜂拥而上，有序引导农民工在家门口创业增收。

四是弥补短板促增收。补短板是农民持续稳定增收的重要抓手。近年来我国持续加大对农业和农村的投入，农民生产生活条件得到显著改善，但农业基础设施依然比较薄弱，"年景好了多打粮，一遇灾害就减产"，农村基本公共服务水平低、功能弱，农村环境污染形势严峻，不仅影响农业稳定发展，也影响农民生活水平提高。下大力气补齐农业农村短板，加快农村基础设施和民生事业"还账"和"补课"，加快推动基础设施向农村延伸、公共服务向农村覆盖，不仅能让农民在农业综合生产能力提升中增收，在公共服务改善中增强获得感，也可以创造出更多的就业岗位，拓宽农民务工增收渠道，实现扩大投资和增加就业、改善民生有机结合。

第二章

融合发展：城乡关系走向平衡的新实践

· · ·

　　从二元分割到统筹再到融合，新中国成立七十年来城乡关系的调适与发展，成为中国社会结构性变迁的重要组成部分，与中国特色社会主义现代化进程大体相适应。融合发展是城乡关系调整的根本方向和高级形态，是社会生产力充分发展的必然结果。实施乡村振兴战略，建立健全城乡融合发展体制机制和政策体系，必将形成城乡关系平衡发展的中国经验。

· · ·

城乡关系是经济社会关系中最重要的关系之一。正如马克思在《哲学的贫困》中所言，"城乡关系的面貌一改变，整个社会的面貌也跟着改变"。国内外经验深刻揭示，促进城乡协调发展，是不可违背的客观规律，是现代化建设必须遵循的普遍准则。一些国家在工业化、城镇化进程中协调推进农业农村现代化，较快地迈入现代化国家行列，拉美、东欧部分国家在发展和转型过程中，没有处理好工农关系、城乡关系，导致经济停滞、社会动荡，现代化进程严重受阻。作为一个拥有十几亿人口的发展中大国，"不管工业化、城镇化进展到哪一步，城乡将长期共生并存"，协调好城乡关系始终是我国现代化建设中具有全局性和战略意义的重大课题。党的十九大报告提出实施乡村振兴战略，建立健全城乡融合发展体制机制和政策体系，为从根本上理顺城乡关系提供了基本方针。本章旨在回答什么是城乡融合发展、如何通过体制机制和政策体系的构建促进城乡融合发展。

一　理解城乡融合的内涵与特征

（一）城乡融合的内涵

城乡关系所涉及学科的复杂性，使准确定义和理解城乡融合显得十分困难。尽管城乡融合并非新概念，但其内涵远不够清晰明确，这也是各种研究在城乡关系认识上产生分歧和混乱的根源所在。关于什么是城乡融合，最早见于马克思和恩格斯的著述。在他们看来，城乡融合是"把城市和农村生活方式的优点结合起来，避免二者的片面性和缺点"① 的新的统一体。这个定义把握住了城乡内在特点，具有

---

① 马克思、恩格斯：《马克思恩格斯文集（第 1 卷）》，人民出版社，2009，第 618 ~ 686 页。

重要参考价值。综合相关研究，我们认为，城乡融合是社会生产力充分发展条件下，由制度变革、技术进步、文化创新共同引致的，以城乡要素自由流动、功能深度耦合、权利平等化为基本特征，形成新的地域组织结构、均衡化资源要素配置格局、互补型城乡功能形态等，最终实现人的全面发展的动态过程，其本质上是城乡优势互补、协同统一的过程。

图 2 - 1　城乡融合发展的主要特征

城乡融合作为城乡关系的高级形态，其内涵极为丰富，我们尽可能从各种外在表征中抽象出基本元素，从要素维度、功能维度和权利维度来描述城乡融合发展的基本特征。

一是要素自由流动。生产要素自由流动和优化配置，是推动城乡二元结构转化的内在动力，是城乡融合的首要特征。在李嘉图看来，一国国内各地区、各产业间资本、劳动等各类生产要素的自由流动是利润率均等化的根本原因。区域均衡发展理论认为，生产要素的区际自由流动，会促进区域经济发展水平收敛。尽管关于要素自由流动是否会带来利润率均等化或发展差距收敛尚缺乏充分的实证研究支持，但有利于提高资源配置效率的观点已经被普遍认同。要素自由流动和优化配置，取决于城乡一体化市场建设和市场决定价格的机制形成。

计划经济时期，资源要素配置决定权在政府手中，行政手段替代市场配置城乡要素，导致城乡发展差距不断拉大；改革开放以来，城乡要素流动明显松绑，但由于一些体制壁垒依然没有被打破，要素和产品市场体系不健全，价格机制没有根本理顺，城乡要素双向流动成本高，事实上造成农村要素向城市单向流动。

二是功能互补耦合。城乡各自具有不可替代的功能，进而形成互补互利、具有多样性和灵活性的功能体系。城乡融合的过程，不仅体现为城乡各自功能的充分拓展和完善，也在于城乡功能之间的互补，体现在生产功能、生活功能和生态功能多个方面。生产功能耦合，体现为城乡产业发展融合化，不仅停留在要素和产品的交换上，而且体现在产业转移和互动过程中共生产业链和价值链的形成。生活功能耦合，是通过乡村生活空间重构和城市生活空间提升，形成满足城乡居民多样化需求的聚落—居住、生产—就业、交易—消费、交往—休闲等一体化空间。生态功能融合，通过城乡生态的共建共享，山水林田湖草系统治理，形成和谐的城乡生态新秩序。长期以来，乡村主体功能或基础地位体现为原料供给和食物保障，生产主义乡村的功能定位，让乡村地理因简约为农业地理而被边缘化[①]。乡村不是城市的依附和从属，而从要素和实物单元供给向生态空间、文化传承、新消费载体等转变，成为多功能异质化空间。

三是权利平等和机会均等。在马克思和恩格斯看来，城乡融合的最终目的是实现人的自由全面发展。城乡融合发展，核心是人，关键在城乡居民机会均等和权利平等。所谓机会均等，是指城乡居民和社

---

① 余斌、卢燕、曾菊新、朱媛媛：《乡村生活空间研究进展及展望》，《地理科学》2017 年第 37 期。

会成员在获得资源的可能性上是平等的、相同的，不应有人为的限制和区别，[①] 包括流动和迁徙机会、就业机会、公共领域平等参与机会等；权利平等，包括基本权益平等、财产权益平等。以人为本谋"三农"，实现好、维护好、发展好城乡居民的物质利益和民主权利。改革开放以来，城乡居民在机会平等方面已经有了极大改善，权益鸿沟在一定程度上有所缩窄，但城乡基本公共服务尚未实现从普惠向实质上的公平转变，生产要素平等交换和收益合理分配尚未实现。

（二）相关概念辨析

进入 21 世纪以来，党中央关于城乡关系做过一系列重要表述。党的十六大报告提出统筹城乡经济社会发展，党的十七大报告提出形成城乡经济社会发展一体化新格局，党的十九大报告提出城乡融合发展（见表 2–1）。准确理解城乡融合发展内涵，需要厘清"城乡统筹""城乡一体化""城乡融合"几个概念的异同。

表 2–1　相关政策文件关于城乡关系的描述

时间	出处	内容
2002 年 11 月	党的十六大报告	统筹城乡经济社会发展,建设现代农业,发展农村经济,增加农民收入,是全面建设小康社会的重大任务
2003 年 10 月	党的十六届三中全会	要按照统筹城乡发展、统筹区域发展、统筹社会经济发展、统筹人与自然和谐发展、统筹国内发展和对外开放的要求,更大程度地发挥市场在资源配置中的基础作用

---

① 王春光：《建构一个新的城乡一体化分析框架：机会平等视角》，《北京工业大学学报》（社会科学版）2014 年第 12 期。

续表

时间	出处	内容
2003 年 12 月	2004 年中央一号文件	按照统筹城乡经济社会发展的要求,坚持"多予、少取、放活"的方针
2005 年 12 月	2006 年中央一号文件	统筹城乡经济社会发展,扎实推进社会主义新农村建设
2007 年 10 月	党的十七大报告	统筹城乡发展,推进社会主义新农村建设。建立以工促农、以城带乡长效机制,形成城乡经济社会发展一体化新格局
2007 年 12 月	2008 年中央一号文件	按照形成城乡经济社会发展一体化新格局的要求,突出加强农业基础建设,积极促进农业稳定发展、农民持续增收,努力保障主要农产品基本供给,切实解决农村民生问题,扎实推进社会主义新农村建设
2009 年 12 月	2010 年中央一号文件	协调推进工业化、城镇化和农业现代化,努力形成城乡经济社会发展一体化新格局
2012 年 11 月	党的十八大报告	推动城乡发展一体化是解决"三农"问题的根本途径。坚持工业反哺农业、城市支持农村和多予少取放活方针,加大强农富农惠农政策力度,让广大农民平等参与现代化进程、共同分享现代化成果
2012 年 12 月	2013 年中央一号文件	始终把解决好农业农村农民问题作为全党工作重中之重,把城乡发展一体化作为解决"三农"问题的根本途径
2013 年 12 月	2014 年中央一号文件	要城乡统筹联动,赋予农民更多财产权利,推进城乡要素平等交换和公共资源均衡配置,让农民平等参与现代化进程、共同分享现代化成果
2014 年 12 月	2015 年中央一号文件	要强化规划引领作用,加快提升农村基础设施水平,推进城乡基本公共服务均等化
2015 年 12 月	2016 年中央一号文件	加快补齐农业农村短板,必须坚持工业反哺农业、城市支持农村,促进城乡公共资源均衡配置、城乡要素平等交换,稳步提高城乡基本公共服务均等化水平
2017 年 10 月	党的十九大报告	建立健全城乡融合发展体制机制和政策体系,加快推进农业农村现代化

1. 目标导向不同

三个概念在目标取向上有共通之处，但也有不同侧重。城乡统筹着眼城乡"共同发展"，目的在于解决城乡二元分割、发展不同步的问题，并以此扭转城乡差距拉大趋势，缓解长期积累的城乡矛盾，把工业与城市的现代化、农业农村和农民的现代化整合为同一个历史过程。① 城乡一体化突出"协调发展"，力图通过破除城乡二元体制障碍，调整城乡利益关系，促进政策上的平等、国民待遇上的一致，补齐乡村发展不足的短腿，构筑经济社会持续发展的动力。城乡融合发展突出"互补发展"，强调城乡功能差异、城乡各自特色，目标是满足城乡居民日益增长的美好生活需要，使人的需要和人的全面发展得到充分实现。

2. 实现方式不同

不论城乡统筹还是城乡一体化，均试图将"三农"纳入整个国民经济与社会发展全局之中进行通盘谋划，通过调整重城抑乡的"汲取型"政策，推动由"取"向"予"的政策转型，主动为乡村发展设计政策来改变城乡资源要素流向，强化工农之间、城乡之间的联系，解决城市有、农村没有的问题。然而，城乡二元结构体制没有根本突破，仅靠政策调整无法根本改善城市繁荣、乡村落后的问题。城乡融合更突出"活"，着眼根本破除城乡二元结构，通过制度改革、政策调整和市场建设，激活主体、激活要素、激活市场，重塑城乡关系。

3. 价值地位不同

城市代表现代、乡村是落后的，乡村必然被城市所取代等观点长期以来根深蒂固，乡村的价值被忽视或狭隘化。城乡融合与城乡统筹和城乡一体化的重要区别在于更加强调乡村的独立性。不论是城乡统筹还是城乡一体化，政策调整总体上仍是围绕工业化、城镇化需求，

---

① 王景新：《统筹城乡经济社会发展》，人民网，2008 年 3 月 14 日。

没有从根本上改变乡村依附从属地位，客观上产生了城市统农村和城乡一样化等问题。城乡融合发展，是一个重新发现和认识乡村价值的过程，更加强调城乡功能差异和各自特色的彰显，更加强调城乡之间的共生关系。了解城乡共生关系形成和发展的背景和机制，以及在国家发展进程中所处的阶段对于政策制定者是非常重要的。

4.可持续性不同

城乡统筹、城乡一体化主要是在政府主导下的体制机制和政策纠偏，但部分领域政府在"统"的方面太强，市场作用偏弱，[①] 造成内生发展动力不足。城乡融合发展是政府与市场共同推动的过程，城市和乡村共同构成一个生命有机体，这个生命有机体具备自我调整、自我适应、自我发展的能力，具有可持续发展的能力。

（三）我国城乡关系历史变迁

新中国成立以来，我国城乡关系调整大体经历了四个阶段：1949~1952年，开放的城乡结构；1953~1978年，城乡二元结构的形成与固化；1979~2002年，城乡二元结构逐渐解构；2003年至今，城乡发展逐步走向平衡。

1.1949~1952年：开放的城乡结构

这一时期，中央政府采取经济上允许多种经济成分并存的政策，允许农村土地、劳动力、资本等生产要素自由流动，城乡私营工商业可以自由发展。同时，在农村实行土地改革，广大农民无偿分得了土地和其他生产资料。[②] 这些政策的实施使城乡生产要素可以自由流

---

① 刘守英：《乡村振兴与城乡融合——城乡中国阶段的两个关键词》，爱思想网，2017年10月23日。

② 谢志强、姜典航：《城乡关系演变：历史轨迹及其基本特点》，《中共中央党校学报》2011年第15期。

动，形成开放的城乡结构。在此背景下，国民经济迅速恢复，1952年工农业生产都超过了历史最高水平的 1936 年。政府不断提高农副产品价格，1952 年比 1950 年提高了 21%，而农村工业品价格只上升了 9.7%，[①] 工农产品价格"剪刀差"逐渐缩小，城乡收入差距不大，城市化发展加快。[②]

2. 1953～1978年：城乡二元结构的形成与固化

为适应赶超发展战略需求，在重工业优先和城市偏向战略导向下，统购统销、人民公社、户籍制度这"三驾马车"构筑了城乡二元分割、工农分离发展的格局。在"三驾马车"制度安排下，通过不断汲取农业剩余，我国建立了比较完整的国民经济和工业体系，由一个落后的农业国初步转变为一个社会主义工业国。然而，由于农业发展受到诸多限制，客观上造成了农村经济的落后与停滞，城乡关系严重失衡，城市化发展进程也趋于缓慢。

3. 1979～2002年：城乡二元结构逐渐解构

改革开放以来，农村家庭联产承包责任制实施和人民公社、统购统销制度解体以及一系列改革的推进，将农业从新中国成立以来过度剥削、自我累积循环不足的困境中释放出来。户籍制度逐步松绑，将农民从封闭的农村解放出来，[③] 城乡之间产品交换、要素流动增强，推动工农关系从扭曲向平衡调整，城乡二元结构开始解构。以收入为例，农村居民家庭人均纯收入由 1978 年的 133.6 元增加到 2003 年的 2622.2 元，增长近 19 倍，城乡居民收入差距一度从 1978 年的 2.57∶1 缩小至 1985 年的 1.86∶1。这一时期，尽管之前过度扭

---

① 国家统计局：《中国统计年鉴1983》，中国统计出版社，1983。
② 陈俭：《新中国城乡关系演变的特点及启示》，《河北经贸大学学报》2016 年第 37 期。
③ 中国宏观经济研究院产业所课题组：《改革开放 40 年中国工农关系演变：从缓和走向融合》，《改革》2018 年第 10 期。

曲的工农关系得到一定程度上的矫正，但汲取农业农村要素支持工业和城市发展的总体格局没有根本改变，城乡关系依然处于失衡状态。

4. 2003年至今：城乡发展逐步走向平衡

进入 21 世纪后，我国国民经济实力显著增强，但工农关系扭曲格局并未根本改变，农业发展后劲不足、农村发展活力不足。为解决好"三农"问题，2004 年 12 月召开的中央经济工作会议提出"我国总体上已进入以工促农、以城带乡的发展阶段"的重要论断。此后，我国农业农村制度安排逐步从被动调整转为主动设计，2004 年以来，连续发布 16 个指导"三农"工作的中央一号文件，为农业农村现代化营造了良好环境。为了在统筹城乡关系上取得更大进展，党的十八大报告提出推动城乡发展一体化是解决"三农"问题的根本途径，让广大农民平等参与现代化进程、共同分享现代化成果。党的十九大报告提出，建立健全城乡融合发展体制机制和政策体系，构建工农互促、城乡互补、全面融合、共同繁荣的新型工农城乡关系。政策持续调整和制度改革不断深入，推动城乡关系发展迈入新的历史阶段。

回溯历史不难发现，我国城乡关系随着经济社会发展的阶段变化在不断调整，城乡关系调整反过来又形成了经济社会向更高水平发展的动力，尽管这一过程有不同程度反复，但总体不断缓和改善。正如马克思和恩格斯所言，城乡分离是生产力发展的必然结果，而城乡对立也将会伴随生产力的进一步发展消失，未来城乡关系一定会在新的基础上实现协调和平衡发展，并最终走向融合。当前我国城乡关系调整已经进入新阶段，经济社会发展向高质量迈进，实现城乡融合发展的动能在不断积聚、条件也更加充分。

二 城乡关系不平衡的突出表现

我国城乡关系正在趋向平衡，为实现城乡融合提供了条件，但城乡关系尚未根本理顺，城乡差距拉大趋势没有根本扭转，融合发展依然存在不少挑战。

（一）表现一：城乡公共资源配置失衡

农村发展活力不足，城乡收入差距难以根本缩小，很大程度上是由于城乡公共资源配置出现了失衡。目前，我国城乡基础设施、公共服务等公共产品供给机制存在典型的二元分割特点，城市基础设施、教育医疗等公益事业几乎全部由国家财政投入，农村公益事业除部分由政府财政投入外主要依靠农民自己，显失公平的制度安排造成农村严重落后于城市，城乡居民在教育、医疗、社会保障等领域所享受的公共服务水平差距巨大。以医疗资源为例，改革开放以来，我国城乡每千人口卫生技术人员比经历了较快下降过程，但 2000 年以来速度明显放缓，卫生技术人员、职业（助理）医师、注册护士之比基本都在 2～3；2017 年，每千人口医疗卫生机构床位城市和农村分别为 8.75 和 4.19，二者之比也在 2 倍左右。如果考虑医疗卫生服务质量，城乡公共卫生和基本医疗差距可能更大。

（二）表现二：城乡要素自由流动和平等交换机制不健全

我国城乡要素市场分割，土地、劳动力、资本等要素在城乡间自由流动和平等交换并没充分实现，城乡土地不同权、自由流转受限；劳动力流动障碍减少，但居民在城乡间还不能自由迁徙，农民工工资和社会保障水平相比城市职工偏低；资金要素长期净流出，资本下乡"暗礁"

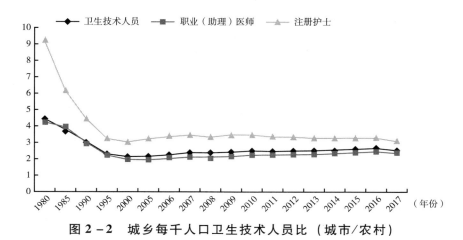

图 2 - 2　城乡每千人口卫生技术人员比（城市/农村）

资料来源：根据《中国统计年鉴 2018》相关数据计算。

多。城乡要素不能自由流动，造成要素配置关系扭曲，城市部门和农村部门生产率难以根本提高；同时，城乡要素不平等交换，农村资产收益向城市转移，城市以新的"剪刀差"剥夺农村，造成农村发展"失血"。据测算，1978～2012 年，通过财政、金融机构以及工农产品价格"剪刀差"的方式，农村地区向城市地区大约净流入资金 26.7 万亿元。①

表 2 - 2　1978～2012 年财政渠道下农村资金净流出（以 2012 年价格计算）

单位：亿元

年份	净流出金额	年份	净流出金额
1978	- 2352. 08	1996	5204. 70
1979	- 2694. 39	1997	4977. 37
1980	- 1905. 16	1998	3460. 73
1981	- 874. 48	1999	4193. 29
1982	- 617. 26	2000	4239. 26
1983	- 236. 79	2001	4237. 49
1984	147. 70	2002	5368. 05

---

①　周振、伍振军、孔祥智：《中国农村资金净流出的机理、规模与趋势：1978～2012 年》，《管理世界》2015 年第 1 期。

续表

年份	净流出金额	年份	净流出金额
1985	894.34	2003	5989.31
1986	841.13	2004	4686.98
1987	1285.78	2005	7058.85
1988	1823.20	2006	6759.35
1989	1993.99	2007	4596.94
1990	1682.89	2008	3643.96
1991	1755.72	2009	5453.91
1992	2629.33	2010	6136.70
1993	4994.59	2011	6118.39
1994	7093.17	2012	5936.66
1995	5745.46	合计	110269.10

资料来源：周振、伍振军、孔祥智：《中国农村资金净流出的机理、规模与趋势：1978～2012 年》，《管理世界》2015 年第 1 期。

（三）表现三：城乡居民收入尚未根本缩差

收入差距是反映城乡发展平衡性最直观的指标。客观而言，改革开放以来，我国城乡居民就业机会平等性有了大幅提高，这是城乡居民收入持续不断增长的重要原因。但不可否认的是，城乡之间在增收机会和能力上的差距依然很大，造成差距难以根本缩小。我国城乡居民人均可支配收入之比在 2008 年达到 3.45 的峰值后，近年来总体呈下降趋势；然而，城乡居民人均可支配收入的差距绝对值却仍在增长，2018 年达到 24634 元。扭曲的要素配置关系阻碍了农业效率的提升，一般而言，中上等收入国家的农业比较劳动生产率为 0.35 左右，我国农业仅为 0.315，比同类国家低了 10%[1]；同时，产权制度改革的进展滞后造成大量资产无法有效盘活，财产性收入不能成为农民增收的重要渠

---

① 马晓河、冯竞波：《以制度供给为重点深入推进城乡一体化发展》，《经济》2017 年第 8 期。

道。特别是，在产业转型升级、国家农业支持政策调整过程中，农民增收面临新挑战，部分地区、部分人群的减收问题值得关注。

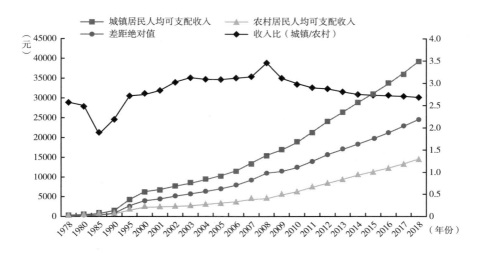

图 2 - 3 城乡居民人均可支配收入

资料来源：根据《中国统计年鉴 2018》相关数据计算，2018 年数来自国家统计局。

（四）表现四：城乡土地权利不平等与市场分割

土地制度是关乎经济发展和社会和谐稳定的基础制度。我国土地制度具有明显的城乡分立特征，实行了两套不同的法律，具有完全不同的权利体系，城乡土地的发展权、流转权和物权保护不平等；城乡土地市场严重分割，农村土地无法通过市场实现充分流转，土地增值收益在城乡之间分配严重不公。由此，一方面，导致农村土地价值受到抑制和剥夺。据世界银行常务副行长英卓华估算，1990~2010 年地方政府征用农村土地比市场价格低 2 万亿元。另一方面，造成农村建设用地大量空置闲置和隐性流转，农村"空心化"、小产权房等，给农村发展和新型城镇化建设埋下重大隐患。据原国土资源部相关数据（2014），我国农村居民点空闲和闲置用地面积达 3000 万亩左右，相当于现有城镇用地规模的 1/4，低效用地达 9000 万亩以上，相当于现有城镇用地规模的 3/4。

（五）表现五：城乡金融制度二元分割

我国城乡之间金融制度安排存在明显差异，农村金融供给严重不足，资金脱农现象明显，农业经营主体信贷可获得性较差，融资难、融资贵的问题十分突出。城乡抵押权利不平等，城镇居民住房产权、大部分国有土地使用权、企业设备等都可以用于抵押，农村的宅基地使用权、生产周期长的经济作物、养殖的猪羊、企业投资的设备厂房，不能作为融资抵押的标的物；城乡资金价格不平等，农村居民或企业融资比城市居民付出更高的成本；城乡金融服务不平等，金融服务向农村覆盖延伸不足，城乡金融机构网点占有率和覆盖率差距较大。

（六）表现六：人口跨区域流动与土地资源本地化配置

由于城乡改革进程不同步，人口在城乡之间流动与资产要素权益流转不同步，造成农业要素配置关系扭曲。据测算，20 世纪 80 年代多数年份农业要素配置效率为正；90 年代绝大多数年份农业要素配置效率为负；进入 2000 年后，农业要素配置效率再次转正，但 2009 年后开始进入下降通道。① 大量农业转移人口进城，部分长期在城镇定居生活，但由于土地权益缺乏市场化退出渠道，而持有成本很低，

---

① 涂圣伟：《我国农业要素投入结构与配置效率变化研究》，《宏观经济研究》2017 年第 12 期。

造成大量房屋闲置空置，城镇化建设合理用地需求却得不到有效满足。2000~2011年，我国农村人口减少1.33亿人，农村居民点用地却增加3045万亩。同时，近年来社会资本、城市人口下乡趋势明显，但他们的合理用地需求得不到有效满足，租金抬升、用地不稳影响长期经营的积极性。

表 2 – 3　1979~2014 年农业要素配置总效率均值

年份	要素配置效率	年份	要素配置效率	年份	要素配置效率
1979	0.0166	1991	– 0.0176	2003	0.0304
1980	0.0283	1992	– 0.0403	2004	0.0211
1981	0.0498	1993	– 0.0112	2005	0.0249
1982	– 0.1879	1994	– 0.0232	2006	0.0619
1983	0.0034	1995	0.0310	2007	0.0205
1984	0.0171	1996	0.9201	2008	0.0268
1985	0.0361	1997	– 0.0363	2009	0.0324
1986	0.0169	1998	– 0.0962	2010	0.0204
1987	– 0.0595	1999	– 0.0629	2011	0.0139
1988	0.0122	2000	0.0179	2012	0.0025
1989	0.0196	2001	0.0667	2013	– 0.0001
1990	– 0.0210	2002	0.0863	2014	– 0.0108

（七）表现七：户籍人口与非户籍人口存在权利鸿沟

尽管我国户籍制度改革在不断推进，城镇的大门越来越敞开，但户籍歧视依然存在，户籍人口与非户籍人口享有的权利存在较大差距，农民工子女融入学校、家庭融入社区、群体融入社会的情况依然不容乐观。目前农民工随迁子女很难平等享有接受高质量教育的机会，农民工子女进城入学率不足 1/10，大多数成了农村留守儿童。户籍和非户籍劳动力就业机会不平等，城镇用人单位对非户籍求职人员存在一定的歧视工资定价现象。社会保障不平等，2016 年，与雇主或单位签订了劳动合同的农民工比重仅为 35.1%，单位或雇主为农民工缴纳养老保险、失业保险、医疗保险、工伤保险和生育保险的比例都不高。

（八）表现八：城乡社会治理分割

在当前快速的工业化、城镇化进程中，随着农村人口大规模外流、现代城市文明向农村渗透，传统农村社会的超稳定结构被逐步打破，农村社会治理机制也受到很大冲击，部分地区农村社会治理陷入自治弱化、法治缺位、德治不彰的困难局面，村民大会"会难开、事难议"，"情""理"大于"法"，乡村治理面临前所未有的挑战；同时，大量农业转移人口进入城镇后，无法融入城市社会治理体系，无法有序参政议政和参加社会管理，城市中形成了"二元社区"和二元社区管理，弱化了农业转移人口对城市的认同感和归属感，埋下社会治理隐患。

三　促进城乡融合发展的经验启示

协调好城乡关系是任何一个国家迈向现代化都绕不开的问题。各国国情农情的差异，决定城乡关系的协调发展不可能有普适性道路和模式，但一些探索仍有价值可循。

（一）强化城乡统筹的空间规划引导和约束

城乡统筹的空间规划是城乡一体化发展的重要内容，许多国家高度重视城乡统筹的空间规划，以有效约束城乡开发活动。德国围绕土地利用问题以法典化的形式建立起一套详细的法律框架体系，具有代表性的有 1965 年颁布的《空间秩序法》、1987 年颁布的《建设法典》，这些法规对各项相关的城乡建设与开发活动做出明确规定。村庄建设更新决策必须由决策政府、规划部门和村民三方利益主体充分沟通协商最终制定出一个乡村发展规划。英国 1932 年颁布了《城市和乡村规划法案》，将乡村规划纳入规划体系中；1947 年颁布《城乡规划法》，对乡村地区的开发建设进行严格限制，目的是阻止城市蔓延和乡村无序发展；1968 年，英国又颁布了新的城乡规划法，确立了由结构规划和地方规划组成的二级城乡规划体系。此外，法国将乡村开发和城市开发均视为国土开发的重要组成部分，并纳入统一的国土开发政策和空间规划体系。日本在城乡统筹空间规划方面坚持法制化，为农业发展提供法律和政策保障，形成了相当完善的空间规划体系和法律保障体系。[①]

（二）重视政府协调作用和居民参与决策

城乡融合根本上是一个自然历史过程，但离不开政府协调推动，这是由农业农村的弱质属性决定的。从先行经验看，城乡关系是否协调，取决于政府、市场和居民能否形成良好互动。大体看，政府主要通过三种政策措施来推进城乡协调发展，即制定城乡协调发展规划、出台法律法规保障、加大公共财政资金支持力度等（赵保佑，2008）。美国先后制定出台了《农业调整法》《农业法》《农业安全与农村投资法案》等诸多法律法规，强化农业的基础性地位，积极支持农业农村发展。尽管政府在城乡协调中扮演着重要的角色，但城乡

---

① 陈长：《国外空间规划研究及启示》，中国社会科学网，2018 年 9 月 18 日。

居民无疑是协调发展的主体。在保障居民参与权益和积极性方面，一些国家进行了积极的探索。德国《建设法典》规定，公民有权参与规划制订的整个过程，可以提出自己的建议和利益要求，村庄更新过程中村民参与贯穿各个环节，对项目完成具有决定性作用。日本造村运动的各项建设和规划从发起到实施，几乎都由村民自发进行，政府仅从政策和技术方面予以支持。[①]

（三）重视城乡地位平等与功能互补

在城市化进程中，多数国家都经历过以城市为中心的阶段，乡村处于从属或边缘状态；城市化进程完成后，一些国家开始重新反思城乡地位和关系，更加重视城乡的地位平等和功能互补。在行政地位平等方面，德国实行城乡均等发展的区域政策，乡村地区与其附近的城市地区是平级关系，乡镇不从属于县市。法国不存在"城市"与"乡村"的行政建制之分，城市地区和乡村地区均遵循从大区到省再到市镇的行政等级体系。英国行政建制上有城乡区分，但城乡互不隶属，二者地位没有差别。除了强调行政地位平等外，注重城乡功能差异和优势互补，有针对性地进行开发建设无疑至关重要。德国、法国等为了避免城市过度蔓延，都采取了传统村庄保护措施，目的是构建城乡异质性空间。而部分国家过度强调城市中心地位，忽视了乡村的独特功能，将乡村长期置于附属和从属地位，最后造成农村发展活力丧失、城乡差距不断拉大，甚至演变成社会危机，现代化进程受阻，教训不可谓不深刻。

（四）注重城乡权利平等和生活品质一致性

城乡融合的本质是机会均等和权利平等。不以此为依归的战略或

---

① 贺贤华、毛熙彦、贺灿飞：《乡村规划的国际经验与实践》，《国际城市规划》2017 年第 10 期。

行动，大多可能流于形式而难以产生实际效果。一些国家在协调城乡发展过程中，就充分强调了城乡居民权利的平等，并以此作为发展的归宿。德国在宪法上规定了人的基本权利，如选举、工作、迁徙、就学、社会保障等平等的权利，在社会上没有明显的农工、城乡差别，农民享有城市居民的一切权利，农工差别只是从事工作性质的差别。同时，开展城乡"等值化"建设，其核心思想是让农民在工作条件、就业机会、收入水平、居住环境、社会待遇等生活质量方面与城市形态不同类但等值。日本《宪法》规定了公民迁移的自由，《户籍法》规定实行"户口随人走"的制度，确保人口自由流动；同时不断加强农村地区社会化服务体系建设，推行城乡统筹的养老、医疗、教育制度，使城市和农村在法律地位、居民政治权利、社会保障、治理模式等方面具有一致性，大部分农村地区的生活品质与城市趋于一致。

（五）重视乡村的可持续发展

注重乡村风貌、历史文脉和生态环境保护，倡导可持续发展，是一些发达国家推进城乡协调发展的典型做法。德国在 20 世纪五六十年代相继立法，把保护村庄原有形态、有限度地改造更新老建筑和保护村庄的生态环境作为村庄更新的主要任务，实现农村的可持续发展。为遏制城市化对乡村的破坏，英国于 1947 年颁布了《城乡规划法》，旨在加强对乡村地区历史人文区域的保护；70 年代后，开始寻求乡村地区自然环境质量与乡村社区生活质量之间的平衡，更加重视乡村保护和乡村建设；1991 年和 2004 年分别出台《规划与补偿法》《规划和强制性购买法》，将乡村规划确定为鼓励可持续性发展的规划，集社会、经济和环境为一体；2004 年的《第 7 号规划政策文件：乡村地区的可持续发展》意在指导乡村地区的发展和建设，实现乡村地区的可持续发展。① 出于对环境破坏、资源耗竭与生活方式的不可持续性的反省，丹麦成立了生态村组织，旨在促进社区资源闭合循环利用、可再生能源的利用、适宜性技术的应用，并尊重当地社会生活方式。②

（六）重视产业融合互动和乡村经济多样化

产业融合是城乡协调发展的基础。城乡产业割裂和乡村产业"空心化"现象，在发达国家现代化进程中并不少见，促进城乡产业联动和乡村经济多样化，成为一些国家协调城乡关系的重要途径。为缩小城乡差距，日本将工业过度密集的地区确定为"促进转出地区"，将工业集聚程度较低的地区确定为"诱导地区"，通过政策引导推动工业企业向农村地区转移。法国在保证农业高效生产的基础上，积极鼓励发展乡村工商业，设立了"农村特别救济金"鼓励工业企业和其他行业到居住人口稀少的农村和人口出生率低的地区建新厂，在农业地区和山区农村有选择地开辟了一些"新工业区"。2000年以来，法国又开始实施"卓越乡村"项目，旨在加强乡村地区的文化、旅游、生态、科技等特色产业发展。美国从 20 世纪 50 年代后期起，有针对性地实施了一系列优惠的郊区税收政策，鼓励城市工厂向郊区迁移。德国通过完善基础设施和功能区布局规划，加强小城市和乡镇的产业配套与服务功能，带动乡村发展。20 世纪 70 年代初，位于巴伐利亚州的宝马公司将主要生产基地转移到距离慕尼黑 120 公里之外的一个小镇，为周边乡村地区提供了 25000 多个就业机会。③

---

① 贺贤华、毛熙彦、贺灿飞：《乡村规划的国际经验与实践》，《国际城市规划》2017 年第 10 期。
② 夏宏嘉、王宝刚、张淑萍：《欧洲乡村社区建设实态考察报告（一）——以德国、法国为例》，《小城镇建设》2015 年第 4 期。
③ 叶兴庆、程郁、于晓华：《借鉴国际经验 推动乡村振兴》，《经济日报》2018 年 12 月 27 日。

四 坚持三个导向、畅通三个循环

（一）坚持三个导向：人的自由迁徙与社会融合、工农部门"效率收敛"与要素市场化配置

1. 人的自由迁徙与社会融合

城乡融合发展的核心在人。按照马克思和恩格斯的城乡融合观，城乡融合发展的目的是人的自由全面发展。实现人的自由全面发展，关键要赋予城乡人口在空间"用脚投票"的能力，以及平等获得基本权益保障。首要条件是，人口在城乡区域间自由迁徙应该是无障碍的，不仅包括农业转移人口能够在城镇自主选择落户或不落户，也包括有意愿定居农村的城镇人口转移也不应存在障碍。当然，人口自由流动只是第一步，流动人口在新的居住空间实现社会融入、享有平等发展机会更为重要，即要实现人口空间流动与基本权益保障的有效匹配。一方面，要着眼"留村群体"的基本权益保障，通过城镇基础设施和公共服务向农村延伸覆盖，通过制度和标准的逐步并轨，实现农村居民与城市居民基本权益的形式普惠向实质平等转变。另一方面，要着眼流动群体社会融合和权益保障，让进城的群体融入城镇、融入社区；让下乡的群体能够平等参与社会治理，逐步享受村民待遇。

2. 工农部门"效率收敛"

城乡融合发展，特别是城乡产业融合化的突出表现，就是实现工农部门劳动生产率逐步收敛。按照刘易斯劳动力转移理论，随着农村剩余劳动力被完全吸收，农业和城市部门的劳动生产率会逐步趋同。尽管这一理论并没经过实践得到充分验证，对刘易斯转折点是否存在

一直有争议，同时已经完成工业化、城镇化的国家也并没有出现两部门劳动生产率完全趋同现象，但部门间劳动生产率逐步收敛则是现代化进程中的普遍趋势。现实是，在我国大规模农村劳动力转移过程中，工农部门劳动生产率不仅没有出现收敛，甚至有扩大趋势，这是城乡之间收入差距难以根本缩小的重要原因。要改变这一趋势，关键要扭转农村资源要素长期扭曲配置的格局，促进生产要素在城乡之间优化配置。

3. 要素市场化配置

推进城乡融合发展，关键要打破阻断、妨碍要素自由流动和优化配置的瓶颈制约。衡量这一问题是否真正得到解决，就要看要素能否自由进入市场进行交易、市场能否形成公平价格以及收益能否实现合理分配。要素能否顺利进场交易，不仅取决于产权明晰化和市场体系的完整程度，在"大国小农"的基本国情和农情下，还需要考虑土地等要素承载的就业和社会保障功能的置换或剥离，让要素甩掉"包袱"自由进场；同时，市场功能是否健全也极为重要，行政过度限制要素交易对象和范围，市场就很难形成公平价格，势必会导致要素价值剥夺或流失。此外，要素收益索取权如何分配，事实上是城乡利益关系调整的核心，合理的收益分配机制是要素自由流动和优化配置的基础，城乡利益关系重构，需要形成兼顾国家、集体、农民等多方利益的资产增值收益分配机制。

（二）畅通三个循环：城乡人口双向迁徙、资源要素双向流动、人与自然和谐共生

1. "人"的循环：城乡人口双向迁徙

流动意味着活力和生机。农村人口大规模向城市迁移和流动，是城镇化的基本特征。但在城镇化进程逐步完成后，人口在城乡空

间就不再是单向流动，而是双向流动。例如，20世纪70年代多数发达国家出现了城镇人口下降、乡村人口上升，或城镇人口增长速度大幅下降、乡村人口增长迅速的现象。① 尽管此后一些发达国家人口流动又出现了新变化，但人口在城乡双向迁徙已然成为常态。推进城乡融合发展，关键要通过城乡基础设施、公共服务、社会治理等一体化建设，让城镇人口能够顺利下乡，农村人口能顺利进城，让下乡的人群能归心农村、扎根农村，让进城的人群落户城镇、融入城镇。

2. "物"的循环：资源要素双向流动

农村劳动力、资本、土地等要素向城市合理流动，城市资本、技术、人才等要素有序下乡。促进要素向城市流动，关键在构建城乡要素平等交换机制，显然目前城乡在劳动力就业机会权利平等、获得劳动报酬权利平等等方面已经有很大改观，但事实上的歧视还不同程度存在；同时，城乡二元土地制度已经成为要素不平等交换的最大体现，也是阻碍城乡融合的症结之一，唯有突破，别无他法。引导城市要素下乡，关键在构建有效的激励机制。当前条件下，让市场自由配置资源，很难避免农村要素继续向城市流出；要引导要素下乡，需要在政策支持体系和配套服务体系上下更大功夫，让要素下乡有利可图、合理取得收益。

3. 人与自然的循环：和谐共生

城乡融合是以可持续发展为前提的，城乡融合是人与自然生命共同体的建设过程。正如习近平总书记指出："人因自然而生，人与自然是一种共生关系。生态是统一的自然系统，是各种自然要素相互依存而实现循环的自然链条。"青山绿水产出的生态产品和生态服务，

① 郭江平：《20世纪70年代以来发达国家城乡人口流动的新特点及其启示》，《华中农业大学学报》（社会科学版）2005年第1期。

是人类生存与健康的基础，能满足城乡居民日益增长的优美生态环境需要；同时，人的实践活动和科学改造，有利于提高物质环境的完整性，促进生态平衡。人与自然和谐的本质，是自然系统的生态循环与生产领域的生产循环以及生活领域的消费循环耦合的超循环。① 推进城乡融合发展，必须以绿色发展为导向，促进人与自然和谐共生。

（三）筑牢三大根基："市场""法治""信用"

正如参天大树离不开根下沃土，城乡融合必须筑牢底层架构。当前我国乡村正处于大变革时期，社会主体日益多元，利益关系更加复杂，不论是促进城乡要素自由流动和平等交换，还是有效保护城乡居民基本权益，都离不开"市场""法治""信用"三大基础制度建设。促进城乡融合发展，必须在这些固根本、管长远的基础制度上有更大突破。

1. 市场

20 世纪 90 年代以来，我国农产品流通体制改革提速，我们用二十多年时间初步建立了覆盖城乡的农产品市场体系，农产品市场交易规模不断扩大，但农村要素市场、资本市场建设明显滞后。没有市场，没有健全的市场功能，要素就很难顺利入场交易并形成合理价格，城乡要素平等交换和优化配置也就很难实现。农村产品市场、要素市场、资本市场的建设，是发挥市场决定功能的基础，是城乡融合发展的基础性制度。

2. 法治

乡村长期以来是一个人情社会，法不下乡、人情大于法是普遍现象，但乡土社会孕生的内在治理机制确保了其稳定运转。当前，农村

---

① 黄志斌：《论人与自然和谐的超循环本质》，《科学技术哲学研究》2008 年第 8 期。

社会关系网络日益松散，社会矛盾日渐多发，传统治理机制逐步式微，需要通过法治来保护农民、下乡群体等各类群体的合法权益，确保资产权益得到法的保障，同时也将政府行为纳入法治轨道，避免政绩导向、考核导向下政府不当干预，造成长期战略短期化或"翻烧饼"。

3. 信用

市场经济是信用经济，缺乏信用、违约得不到惩罚，导致乡村经济社会活动中充满投机行为。最为典型的是 20 世纪 90 年代逐步发展起来的订单农业，由于信用基础不健全，长效的利益联结机制不健全，订单农业履约率长期以来得不到根本提高；同时，农村信用体系不健全，导致农村金融发展受到制约，贷款难、贷款贵问题常被提及却始终难以有效解决。促进城乡融合发展，需要通过健全信用体系，抑制投机行为、降低交易成本。

（四）践行五个路径：城乡要素配置合理化、产业发展融合化、公共服务均等化、基础设施联通化、居民收入均衡化

1. 要素配置合理化

围绕实现城乡要素双向流动和平等交换，扩大城乡要素市场，增强要素流动协同性，提高要素配置效率。一方面，激活要素市场。除了建立功能完备的要素市场外，需要优化政府和市场之间要素配置决策权的分配，减少不合理的行政干预，解决好要素配置市场决定不充分的问题，让市场形成价格、价格引导要素配置。另一方面，提高要素流动协同性。探索地随人走、异地土地指标交易等多种方式，解决人口跨区域流动和资源要素本地化配置的矛盾，这是造成当前城市资源越来越紧张、乡村要素资源利用不充分、户籍城镇化率提高不快、农村产业融合项目落地难的重要原因。

3. 产业发展融合化

围绕产业链延伸、价值链提升和供应链优化，推动要素融合、产品融合和功能融合集成，增强供给结构对城乡居民需求的适应性和灵活性。产业融合发展主要依靠市场，但离不开政府推动。由于产业融合多数领域不具有类似农业的外部性属性，这就需要改变过去支持农业发展的方式和手段，建立适应新产业、新业态、新模式发展特点的政府引导和管理机制，避免行政推动"一哄而上""一哄而散"。更为重要的是，产业融合能否生根发芽、开花结果，取决于植根的土壤或生态，要围绕解决好"用地难""融资难"等痛点问题，积极创设有利于产业融合发展的政策支持和配套服务体系。

3. 公共服务均等化

以实现实质性公平为导向，适应人口结构、社会需求等新变化，优先安排农村公共服务，推进城乡基本公共服务标准统一、制度并轨。均等化不是平均化，基本公共服务投入要向重点人群、薄弱环节、贫困地区倾斜，实现共建共享和协调发展；均等化不能完全依靠政府，要探索多元供给机制，完善激励机制，引导社会力量参与，形成扩大供给合力。均等化不是一成不变，要充分利用大数据、人工智能等新技术，采取固定设施和流动服务相结合的方式，拓展服务覆盖的广度和深度。

4. 基础设施联通化

适应城乡体系结构和人口流动变化趋势，统筹城乡基础设施建设布局，补齐农村基础设施短板，完善基础设施网络，形成适度超前、相互衔接、满足未来需求的功能体系。基础设施联通是高效率的联通，要提高建设质量、运营标准和管理水平，提升基础设施利用效率。基础设施联通要适应新要求，加快建设适应农村新产业、新业态、新模式发展的现代基础设施，如信息基础设施、冷链物流设施等。

5.居民收入均衡化

着眼缩小城乡收入差距，拓展城乡居民收入渠道，培育持续增收新动能。促进收入均衡，难点在农民收入增长。要加快消除就业歧视，保障农民工与城镇居民享有平等的就业机会。在增收新动能方面，更加重视增加农民财产性收入，推动土地等资源变资产、资产资本化，打通农民从产权改革、集体经济发展中增收的通道。改变"取之于农、用之于城"的局面，建立起更加紧密的产业化利益联结机制、合理的改革增值收益分配机制，让利益更多地留在农村、留给农民。

五 完善城乡融合发展制度性供给

（一）以流动促融合，针对"三类流动群体"，完善社会融合政策和权益匹配机制

流动具有消解社会矛盾和冲突的功能。当前阶段，我国城乡形态尚未完全定型，人口流动尚未结束，以流动促融合，有效满足城乡流动人口的需求，以及由此诱发的城乡要素和权益重新配置要求，是促进城乡融合发展的重要突破口。"三类流动群体"中，第一类是进城群体，在进一步拆掉落户门槛、推动公共服务均等化的同时，实施"农民工融城"计划，重点破解"融不进"的问题，让农业转移人口融入企业、子女融入学校、家庭融入社区、群体融入社会；同时，加快畅通和拓展农村资产和权益处置通道，让农业转移人口"带资进城、安心落户"。第二类是搬迁群体。异地扶贫搬迁、生态移民、新型社区建设过程中形成新的居住社区后，形式上实现了集聚，但经济关系没有理顺，现代社区治理水平没有形成，往往造成搬得来、住不

稳、治不好，要加快产权制度改革，探索多种形式的治理模式，推进新型社区治理现代化。第三类是下乡群体。未来农村并不排除城市人口的定居和发展，这就意味着需要合理保障这部分群体能够真正融入乡村，为此应该在下乡群体参与村民自治、有序获得土地相关权益等方面加快探索步伐，强化权益保障和激励机制，让下乡群体真正"归心农村、融入农村"。

（二）以规划引领融合，构建城乡统筹的空间规划体系

加强规划管理是城乡融合的基础性工作。从发达国家经验看，一个科学的城乡规划对于引导和约束各类开发活动、促进城乡协调发展具有重要作用。目前我国城乡格局尚未完全定型，尚处于变革和调整时期，需要科学规划引导，否则容易走弯路、"翻烧饼"，造成资源浪费甚至不可逆的破坏。一要提高规划的科学性。通盘考虑城乡人口流动、土地利用、产业发展、居民点建设等，编制多规合一、实用管用的规划。二要突出村庄规划编制。将村庄规划编制和管理经费纳入财政预算，畅通农民、村干部等各类主体参与规划编制的渠道，围绕乡村人口流动集聚、重大产业项目实施、农村环境整治、生态保护和历史文化传承等，科学规划建设重点村庄和功能区域，做到"人往哪里流，基础设施、公共服务设施就往哪里配"。三要提高规划约束力。完善规划实施机制，加强基层规划和管理人才队伍建设，配备具有专业规划知识背景的人员，加大违规建设处罚力度，提高规划的刚性约束力和执行到位率。

（三）强化利益调整，建立改革收益优先向"三农"分配机制

优化城乡关系的核心是城乡利益调整，关键在改革收益的合理分

配。其中，土地增值收益分配又是重点。农村"三块地"的改革能否真正形成实效，农民土地权益能否得到充分保障，取决于土地增值收益分配机制的构建，目前相关改革试点在这方面似乎进展不大，"取之于农、用之于城"的局面没有根本改变。深化农村土地制度改革，需要建立兼顾国家、集体和个人的土地收益分配机制。建议土地增值收益分配基于产权原则，流转收益分配关系的主体为土地权利人，政府不是流转交易主体，不应直接参与土地增值收益分配，但由于集体土地的区位优势和资产价值升值等在一定程度上是政府投资带来的，政府可以通过土地增值税、土地使用税、契税等间接参与流转收益的再分配，同时对集体建设用地流转交易行为进行税收调节。

（四）优环境、稳预期，健全工商资本参与乡村振兴的政策体系

工商资本联动城乡，是推动城乡融合发展的重要力量，对优化城乡资源要素配置、活跃乡村经济等具有积极作用。引导工商资本参与乡村振兴，需要构建起政策支持、配套服务与风险防范"三位一体"的政策体系，支持工商资本以适宜方式进入适宜领域，与农民等构建紧密型利益联结机制，真正发挥联农带农作用。

一是政策支持体系。抓好人、地、钱等关键环节，落实和完善融资贷款、配套设施建设补助、税费减免、用地等扶持政策，构建工商资本参与乡村振兴系统性、常态化的政策支持体系。二是配套服务体系。创新基层政府服务，鼓励建立政府与工商企业沟通的长效机制，通过定期会议制度了解企业政策诉求，出台面向工商企业的乡村振兴政策服务指南。加快补齐基础设施短板，完善工商资本投资项目的基础设施配套，特别是加大新产业、新业态发展的基础

设施投入。三是风险防范体系。建立农村土地流转风险保障制度，建立健全资格审查制度，强化动态监管，防止侵害农村集体产权、侵犯农民利益。

（五）加快政策转型，建立健全以提质为导向的农业支持政策体系

加快推进农业政策转型，构建起以提质为导向、符合农业发展阶段转换要求的农业支持政策体系。

一是从增量支持转向提升政策效能。我国尚不具备全面、大规模补贴支持农业的能力，与发达国家搞补贴竞争，单纯依靠扩大政策支持规模来保障农产品供给，既不现实，也不合理，需要在提高支持政策效能上下功夫，更多从提高政策精准性上要效率，聚焦重点品种、重点生产区域和重点生产群体，形成"谁种补谁""多种多补、不种不补"的机制；从提高政策协调性上要效率，统一直接补贴、价格支持、保险补贴等政策目标，提高政策合力；从保持政策延续性上要效率，对投入周期长、见效过程慢的领域，要稳定投入、久久为功。

二是从生产支持拓展到产业链、价值链提升。优质农产品不仅是"产"出来的，还是技术进步、加工转化等共同作用的结果，在稳定农业生产的同时，新增补贴和支持手段要向产业链前端的科研和产业链后端的加工等环节覆盖。此外，为顺应广大人民群众对看得见山、望得到水、记得住乡愁的精神消费需求日益增长的需要，还应加大对农业新产业、新业态、新模式的支持力度，实现农业功能从生产向生态、生活功能拓展。

三是从以"黄箱"为主转向增强"绿箱"支持。我国"黄箱"政策支持还有一定空间，"绿箱"政策利用还很不充分，有进一步可

以利用的国际规则空间，与发达国家相比也有较大差距。基于当前我国农业发展的实际，"黄箱"政策在短期内还不能大幅削减，应该以调整改进为主，进一步用足用好；同时，推进"黄箱"政策向"绿箱"政策适时转换，扩大"绿箱"支持政策实施规模和范围，强化耕地地力保护、农业科研、自然灾害救助、环境保护、农业基础设施建设等的支持力度。

第三章

农业现代化：中国农业的根本出路

一个坚持土地非私有制，人地关系高度紧张，经济体制转型尚未完成，工业化、城镇化仍在加快推进，地区发展差异很大的国家，应该如何推进农业现代化，走什么样的现代化道路，历史上没有先例可循。这要求我们不能盲目照抄照搬其他国家经验，必须从我国的人口、资源和经济社会条件出发，探索一条适合本国国情农情的农业现代化道路。

农业现代化是传统农业向现代农业跃升的历史发展过程，是实现全面现代化的重要基础。一个国家在现代化进程中，如果将农业仅仅视作获取原料、劳动力和资本的"黑箱"以及工业化、城镇化被动的工具，忽视了农业现代化建设，整个国家的现代化将无从谈起。世界上部分国家在迈向高收入国家的进程中，由于忽视了农业发展，最终造成经济发展停滞，社会局面动荡，现代化进程严重受阻，教训不可谓不深刻。当前，我国已经进入工业化、城镇化加快发展阶段，推进农业现代化刻不容缓。加快农业现代化步伐，走中国特色的农业现代化道路，将夯实社会主义现代化强国建设的"基石"，也必将为全球农业现代化贡献新方案。

一 农业现代化的内涵与发展道路

（一）农业现代化是一个动态历史过程

"现代化"（Modernization）一词最早出现在 1951 年美国《文化变迁》杂志编辑部举办的学术讨论会上，用来描述从农业社会向工业社会的转变特征。随后，"现代化"这一术语开始被广泛使用，现代化研究也逐渐成为国际社会科学领域的重要课题。基于"任何社会相对于过去的社会而言是现代社会"的认识，人们对现代化从不同角度进行了大量研究，产生了一大批有影响的研究成果，内容涵盖政治、经济、社会以及个人行为等诸多领域。

然而，关于现代化的定义却一直模糊不清，目前争议较少的表述，是将现代化作为一个过程来定义，认为现代化是传统社会向现代社会转变的过程，是一个包括政治、经济、社会、文化等内容的全方位的社会变革。亨廷顿认为，现代化是在现代社会中正在进行的重要变化，是将人类及这个世界的安全、发展和完善作为人类努力的目标和规范的尺度。中国科学院可持续发展战略研究组认为现代化是指在自然、社会、经济复杂系统中，朝向一组复杂的、具有时空边界约束的、具有时代内涵的相对目标集合的动态过程。[①]

农业现代化（Agricultural Modernization）是以现代化理论为基础、结合农业特点提出的，比较常见的定义是将其视作农业发展形态变化的过程，用以反映农业是如何从低的发展阶段进入新的、高的发展阶段的动态变化过程。

国内对农业现代化的认识随着实践发展不断深化，大体经历了三个阶段：在 20 世纪五六十年代，各界主要从生产手段和生产条件的角度来理解农业现代化，将农业现代化概括成机械化、电气化、水利化和化学化。改革开放后至 20 世纪 90 年代中期，随着农业和农村的快速发展以及市场经济体制的逐步建立，农业现代化的基本内涵有了新发展，拓展至生产方式、经营管理、组织制度等领域，即生产技术科学化、生产工具机械化、生产组织社会化、管理功能系列化。20 世纪 90 年代后期以来，理论界对农业现代化的内涵和外延有了更为深入的表述，不再局限于农业本身，而是从国民经济整体来理解农业现代化，将农业现代化视为一个包括经济、社会、技术、生态在内的复杂的系统工程。

综合已有研究成果和我国的国情农情，我们认为农业现代化可以表述为：依靠制度变迁和技术变革，引入现代生产要素，改善农业物质基础，强化农业生产手段，重塑农业经营主体，创新农业组织方式，促进土地、资本、劳动力要素均衡配置，不断提高土地产出率、劳动生产率、资源利用率，实现向现代农业转型的过程。这一过程应该是包括种植业、畜牧业、渔业和林业在内的整个大农业不断引进现

---

① 中国科学院可持续发展战略研究组：《中国现代化进程战略构想》，科学出版社，2002。

代生产要素和先进经营管理方式实现转型发展的过程，是涉及整个农业产业链转型发展的过程。

（二）农业现代化的几种道路

按照配第一克拉克定律，随着经济发展和工业化进程深入推进，农业部门占国民收入和就业的相对比重将不断下降。因此，在不少西方经济学者看来，工业部门才是经济增长的主导力量，农业只是工业化被动的工具，它被当作只能是从其中榨取食物、劳动力和资本的"黑箱"，无须考虑这一落后、被动的部门的发展问题。[①]直到 20 世纪 60 年代后，部分学者才开始研究工业化中农业的发展问题，开始探讨工农业的相互联系和工农业平衡增长问题。拉尼斯和费景汉认为，工业和农业两个部门平衡增长对避免经济增长趋于停滞是很重要的。工业化过程中必须保持农业生产率的同步提高，以此来增加农业剩余和释放农业劳动力，否则在过了"短缺点"后，工业部门的利润可能会急剧下降，以致在达到 T 点前资本积累就停滞了。西奥多·W. 舒尔茨认为，"并不存在使任何一个国家的农业部门不能对经济增长做出重大贡献的基本原因"[②]，现代化的农业能对经济增长做出重大贡献。

发展中国家的经济成长，有赖于农业的迅速稳定增长，但传统农业不具备迅速稳定增长的能力，出路在于把传统农业改造为现代农业，即推进农业现代化。工业化的推进和整体经济的发展，离不开工农业的动态调整和适应性发展[③]。工业化过程的进行和人口的城市

---

① 张培刚：《农业与工业化——农业国工业化问题再论》，华中科技大学出版社，2002，第151 页。

② 西奥多·W. 舒尔茨：《改造传统农业》，梁小民译，商务印书馆，2003，第 5 页。

③ 张培刚：《农业与工业化——农业国工业化问题再论》，华中科技大学出版社，2002，第151 页。

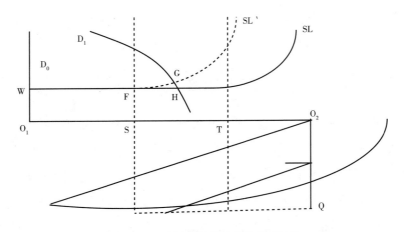

图 3 – 1 刘易斯-拉尼斯-费模型

化，对农产品（粮食和原料）的总需求会有较大增长，对其结构会有高级化的要求，而要适应需求的这种变化趋势，就必须促进农业的现代化转变，而不可忽视或虚弱农业。[1] 正如速水佑次郎、神门善久警告称，如果发展中国家不努力提高农业生产率，试图强行把资源从农业配置到工业来实现经济现代化，就可能掉入"李嘉图陷阱"[2]。

基于对农业现代化重要性的认识，推进农业现代化成为世界各国现代化建设的重要内容。从世界范围看，由于自然资源禀赋和发展阶段不同，各国的农业现代化道路也存在差异，主要有三种基本类型：一是人少地多、劳动力短缺的国家，如美国、加拿大，以提高劳动生产率为主要目标，凭借发达的现代工业优势，大力推进机械化取代人力和畜力，通过扩大单位农场种植面积和经营规模提高农产品总产

---

① 张培刚：《农业与工业化》，华中理工学院出版社，1984，第 207 ~ 208 页。
② 李嘉图认为，在各等级土地面积固定的自然资源禀赋下，人口增长导致食品价格上升，将迫使经济处于停滞状态，在该状态下，利润率如此之低，以致无法为追加投资提供激励，劳动者的实际工资率也不会背离最低生存线，只有地主得到的地租收入在增加。这种制约工业化初期经济增长的固定土地资源禀赋机制，通常被称为李嘉图陷阱。

量；二是人多地少、耕地资源短缺的国家，如日本、荷兰，以提高土地生产率为主要目标，将科技进步放在重要位置，通过改良农作物品种、加强农田水利建设、增加化肥和农药使用量等措施，提高单位面积农产品产量；三是土地、劳动力比较适中的国家，如法国、德国，同时以提高劳动生产率和土地生产率为目标，既重视用现代工业来装备农业，也重视先进科学技术的推广应用。

世界农业现代化的历史表明，推进农业现代化没有一成不变的固定模式，只有从实际出发才能取得成功。在看到不同发展模式差异的同时，各国农业现代化道路也呈现出一些共性特征，即农业要素投入不断增加、科技水平不断提升、组织方式不断完善、市场化程度不断提高。新形势下推进中国农业现代化，既要遵循农业现代化的一般规律，也要充分总结和汲取新中国成立以来农业现代化建设的经验与教训，① 探索出一条符合中国实际的道路。

二　中国农业现代化道路的"特色"

一个国家所走的农业现代化道路，是由其历史背景和资源条件的客观性决定的。早在 1979 年 3 月召开的党的理论工作务虚会上，邓小平就曾指出，中国式的现代化道路，必须从中国的特点出发，"我国农业现代化，不能照抄西方国家或苏联一类国家的办法，要走出一条在

---

① 实际上，新中国成立后，在推进农业现代化方面，我国就十分注重学习国外经验，也主动探索符合本国特点的农业现代化道路，早在 70 年代就提出了农业现代化的目标。尽管当时的实践和认识有很大的历史局限性，但取得的经验教训对当前和今后推进农业现代化都有重要借鉴意义。改革开放以后，随着经济体制改革的深化，有关农业现代化道路的探索也更加深入，取得了丰富的成果，为我们进一步深入开展中国特色农业现代化道路的研究奠定了坚实的基础。

社会主义制度下合乎中国情况的道路"①。走中国特色农业现代化道路，不仅是由我国农业发展阶段、农业资源要素禀赋决定的，而且与我国体制转轨、工业化发展阶段密切相关，这决定我国农业现代化不可能完全照搬国外模式。

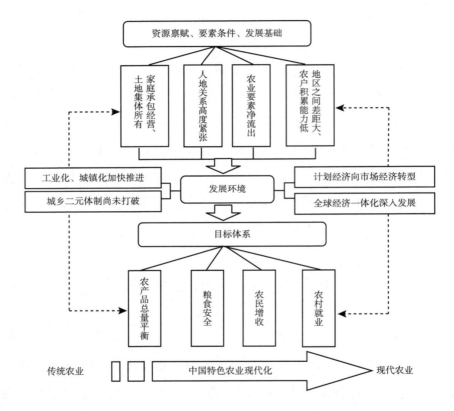

图 3-2　中国特色农业现代化道路的基本特点

（一）土地制度：集体所有、权利分置

土地是农业生产中最基本的生产资料。从世界范围看，不论是已

---

① 《邓小平文选（第 2 卷）》，人民出版社，1994，第 362 页。

经实现农业现代化的发达国家，还是正在推进农业现代化的发展中国家，大多实行的是土地私有制。与这些国家不同，我国实行的是农村土地集体所有制。新中国成立初期，曾通过"耕者有其田"实行过短暂的土地私有化，但随后在合作化运动中农民很快丧失了土地所有权。改革开放以来，土地所有权和承包经营权实现"两权分离"，农村土地集体所有、农民承包经营的基本经营制度逐步确立，此后围绕农村土地的一系列政策安排也是在这一制度基础上形成和发展的，包括所有权、承包权、经营权"三权分置"，其基础依然是土地集体所有制。坚持农村土地集体所有，已经是农村相关改革和政策调整不能突破的底线之一。

从实践看，土地集体所有、农户承包经营制度不仅适应以手工劳动为主的传统农业，也适应采用先进科学技术和生产手段的现代农业，具有广泛的适应性和旺盛的生命力。[1] 推进农业现代化，必须长期坚持农村基本经营制度不动摇，这是走中国特色农业现代化道路的制度基础。如果完全按照土地私有制条件下的经验来推进我国的农业现代化，必然会遭遇失败。同时，任何制度都不是绝对完美和一成不变的。随着社会历史条件的变化，制度也要进行调整和改变，以适应新形势、新阶段要求。我国目前的基本经营制度符合当前农业发展的要求，但在农村人口大规模流动条件下，面临的挑战越来越多，这要求我们必须处理好坚持农村基本经营制度与创新农业经营机制的关系，进一步丰富双层经营体制新内涵，不断调整和完善现有制度，走出一条具有中国特色的农业现代化道路。

---

① 农业部：《农村基本经营制度若干问题调查分析——农业部深入学习实践科学发展观调研成果摘要（二）》，2009。

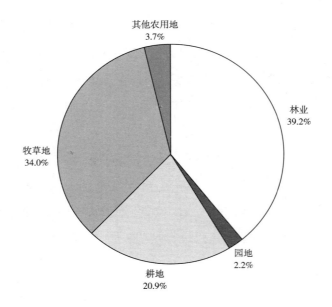

图 3 – 3　2016 年我国农用地利用情况

资料来源：自然资源部：《2017 中国土地矿产海洋资源统计公报》。

（二）资源禀赋：人地关系紧张、超小规模经营

我国是一个耕地资源相对短缺的国家，人地关系较为紧张，这是推进农业现代化的基本条件，也是区别于其他国家的显著特点。截至 2017 年末，我国耕地面积为 20.23 亿亩，人均耕地不足 1.5 亩，远低于世界平均水平，也低于亚洲 2.5 亩的平均水平。要在这样超小规模经营基础上推进农业现代化，任务之艰巨、过程之复杂、难度之大可想而知。

近年来，尽管我国规模农业经营户数量持续增加，但整体占比依然不高，小规模分散经营仍是主导形态。根据第三次全国农业普查数据，截至 2016 年，我国规模农业经营户 398 万户，占农业经营户的比重不到 2%，小农户从业人员占农业从业人员的 90%，小农户经营

耕地面积占总耕地面积的 70%。可以预见，小规模农业经营方式将会长期存在。如何在培育新型经营主体、发展多种形式适度规模经营的同时，将大量小农户引入现代农业发展轨道，是我国农业现代化必须要解决的关键问题。

表 3 - 1 我国农业经营主体数量

单位：万户，万个

项目	全国	东部地区	中部地区	西部地区	东北地区
农业经营户	20743	6479	6427	6647	1190
规模农业经营户	398	119	86	110	83
农业经营单位	204	69	56	62	17
农民合作社	91	32	27	22	10

资料来源：国家统计局《第三次全国农业普查主要数据公报（第一号）》，2017 年 12 月 14 日。

尽管我国人地关系紧张，但农业现代化需要兼顾的目标是多元的。作为一个发展中的人口大国，推进农业现代化，不仅要保障十几亿人的吃饭问题，还要解决大量依靠农业生存的农民的增收问题，需要同时兼顾土地生产率和劳动生产率的提高。长久以来，小规模经营基础上的精耕细作推动我国农业进入"高水平陷阱"，有限的农业剩余大多不是用于再生产而是被人口增长消耗，较高的土地产出率和较低的劳动生产率是农业的显著特点。20 世纪 80 年代以来，农村劳动力转移为农业劳动生产率提高创造了条件，但劳动力的不彻底转移使工农两个部门之间的劳动生产率并没有得到同步提升。推进中国特色农业现代化，必须在保障农产品供给安全的同时增加农民收入，实现土地生产率和劳动生产率双提升，使农民能真正分享到农业现代化带来的成果。

（三）市场条件：体系不健全、发展不充分

现代农业是市场化的大农业。农业现代化需要有良好的市场结构和定价机制，以便为要素和商品完成"惊险的跳跃"提供有利条件。多数发达国家在推进农业现代化的过程中，市场发育已经较为成熟，产品和要素定价机制较为健全，推进农业现代化的难度和成本较小。相比而言，我国仍处在经济体制转轨阶段，农产品市场和要素市场仍不健全。以农产品市场为例，尽管覆盖城乡的农产品市场体系已基本形成，但布局不尽合理，组织化和标准化程度低，市场制度建设滞后，发展水平不高。

过去 40 年来，我国政府虽然在很大程度上放松了对农产品价格、农业生产的直接干预，不断完善重要农产品价格形成机制，但在许多发达国家已经存在的市场调控和规制制度并没有完全建立起来，农业市场化进程总体不快，成为束缚农业进一步发展的障碍。特别是目前我国城乡二元体制依然存在，城乡之间尚未建立起平等的要素交换关系，导致稀缺要素从农业向工业、从农村向城市流失严重，不利于传统农业改造。我们需要处理好推进农业现代化与推进市场化改革进程的关系，探索一条在深化市场化改革的过程中同步推进农业现代化的路子，实现向市场化、社会化的大农业转型，这决定了我国实现农业现代化的复杂性和特殊性。

（四）外部环境：与工业化和城镇化同步发展

从世界范围看，主要发达国家基本是在实现工业化之后再推进农业现代化，而我国农业现代化则大体与工业化同步进行。国外经验教训表明，在工业化、城镇化快速推进时期，农业往往面临被忽视或削弱的风险，必须倍加重视农业现代化与工业化、城镇化的同步推进和

协调发展。早在新中国成立初期，我国就以"四个现代化"的形式明确提出要推进农业现代化建设，然而，受重工业优先发展和城市偏向型制度安排的影响，农业现代化建设长期滞后于工业化和城镇化进程。近年来，我们更加重视工业化、城镇化与农业现代化的同步发展，但三者之间并没有完全形成互促互补关系。

从历史看，还不存在一个人口大国在工业化、城市化同时推进背景下实现农业现代化的先例，我国农业现代化面临着极具特色的时空背景。当前我国工业化和城镇化的整体水平和质量还不高，对农业现代化的带动能力不充分；更为关键的是，工业化、城镇化的快速发展还对农业生产要素形成一定的侵占，削弱了农业发展内生动力。这种特殊国情和农情，决定我们必须探索一条在工业化、城镇化深入发展过程中同步推进农业现代化的道路，使农村劳动力转移与工业化发展相适应，农村人口迁移与城镇化发展相适应。

（五）区域特征：高度异质性、发展不平衡

任何国家都在不同程度上存在区域发展差距，但全球范围内类似我国这样区域之间存在巨大发展差异的国家不多。

一方面，我国国土广袤，东西跨越 5000 多公里，南北相距也是 5000 多公里，存在五大气候类型，资源多样性十分突出，各地区地理、气候条件差异大，农业发展呈现出多层次性和不平衡性。这决定了各地区农业现代化的模式将是多种多样，并且必将经历区域专业化分工的漫长过程。①

另一方面，我国各地区工业化、城镇化发展水平存在很大差异，部分地区工业化达到了很高水平，对农业的反哺和带动能力较强，但

---

① 牛若峰：《中国农业现代化走什么道路》，《中国农村经济》2001 年第 1 期。

另外一些地区工业化仍处在起步阶段，仍依赖农业支持；部分地区城镇化水平较高，城市扩散效应大于集聚效应，对农村的辐射带动能力较强，但有些地区城镇化水平还很低，城市极化效应大于扩散效应。推进农业现代化，必须坚持"有同有异、协调共进"的原则，遵循自然规律和经济社会发展规律，立足各地实际，探索各具特色的农业现代化发展道路。

三 有效应对农业现代化重大挑战

我国的基本国情农情和复杂多变的内外部形势，决定中国特色农业现代化道路注定不是一帆风顺，需要积极应对和有效处理好一些重大风险和挑战。

（一）农业生产激励效应衰减与机制重构

农业发展总是与激励约束机制密切相关，一般以"稳定—激励—发展—稳定"的规律循环发展，每一次循环产生一次飞跃。[①] 纵观改革开放以来农业发展历程，家庭联产承包责任制的实施，赋予农民生产决策权和剩余索取权，调动了亿万农民的生产积极性，从而带来农业生产力飞跃。此后，推进农产品流通体制改革，不断理顺农产品价格，再次激发了农民生产热情。21 世纪以来，农业税取消以及一系列强农、惠农、富农政策的实施，让农民从农产品产量增长和价格提升中得到实惠，带来重要农产品保障能力的不断提高。然而，近年来我国农业生产成本不断上升，比较效益走低，已有生产激励机制的作用持续衰减。

---

① 兰明昊、涂圣伟：《重构农业激励约束机制、激发内生发展动力，助力现代农业发展》，《农业现代化研究》2017 年第 1 期。

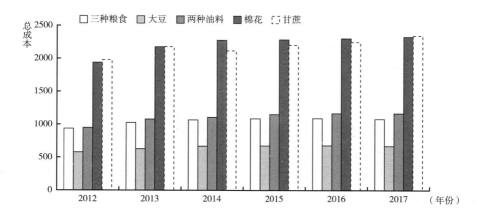

图3-4　主要农产品生产成本变化

资料来源：《全国农产品成本收益资料汇编2018》。

具体来看，统分结合双层经营体制"分"的作用已经基本释放殆尽，农业补贴边际效应已经明显下降，农产品流通尚未充分体现优质优价的市场特征，政策和市场双重激励效果的持续性均面临挑战。尽管担忧"谁来种粮"可能是杞人忧天，"没人种地"只是一个伪命题，但如果没有新的生产激励机制，农业生产的稳定性、新技术采纳的普及性等都会受到影响，农业生产要素继续流出的格局就很难根本改观。正如舒尔茨（1964）所言，在改造传统农业的过程中，关键的问题不是规模问题，而是要素的均衡性问题。农业要素的不断流出，势必造成农业生产各要素难以实现均衡配置，将会给农业发展方式转变带来极大困难。

适应当前我国农业农村发展阶段变化，重构农业生产激励机制，必须坚持质量和效率导向，形成政策和市场双重激励，切实调动小农户和各类新型经营主体生产积极性。在政策方面，进一步加大农业投入力度，但我国尚不具备全面、大规模补贴支持农业的能力，与发达国家搞补贴竞争既不现实，也不合理，需要在提高支持政策效能上下功夫。在市场方面，按照更好发挥市场机制作用取向，完善重要农产品价格形成机制，特别是在完善口粮最低收购价政策、增强政策弹性和灵活性的基础上，需要前瞻性搞好深化口粮价格市场化改革的政策储备。

（二）农村组织动员机制式微与重建

面对农村资源要素外流、公共品供给不足等问题，在双层经营体制中"分"的激励效应下降的条件下，如何充分发挥"统"的功能，就显得极为重要和急迫。然而，受税制改革、农业比较效益下降、农村集体经济衰弱等影响，我国原有的农业组织形式发生了根本性变化，农村社会组织动员机制式微，造成农业组织化进程深化受阻，给农业稳定发展埋下隐患。

实行分税制特别是取消农业税后，部分地区县乡政府财政收支矛盾突出，不少地方只能依靠举债或筹集非税收入维系运转，根本无力也无心组织农民开展基础设施建设，而带有强制性的"两工"（义务工和劳动积累工）制度被取消后，基层政府调动资源的能力进一步减弱。村级组织由于原有的公益事业资金来源被切断，同时村级债务被锁定，物质基础被削弱，一些村既没有村集体企业，也没有集体积累资金，组织村民开展村级公益事业的积极性不强，资源动员能力下降。以河南省为例，2017 年全省无经营收入的村有 34288 个，占到总量的 74.5%。[1]

同时，作为税费改革后发展农村公益事业的配套政策，"一事一议"存在一定缺陷，"事难议、议难成、成难行"现象较为普遍，实

---

[1] 全国人民代表大会农业与农村委员会：《2018 年乡村振兴实施情况、主要问题、思考与建议》，《求是》2019 年第 3 期。

践效果有待提高。在小农分户经营基础上，农村基层组织动员机制的式微，导致农村公共事务和公益事业无人管、无钱管，不仅造成人财物力的浪费，也影响农业生产的持续稳定发展。在当前推进乡村振兴过程中，部分地方出现"政府干、农民看""靠着墙根晒太阳、等着政府送小康"等现象，其重要原因是基层组织动员能力不强、农民参与不足。

在人口大规模流动、乡村社会结构深刻变动的条件下，重建农村基层组织动员机制无疑面临诸多困难。在可实施的政策选项中，最为关键的是强化农村基层组织动员的物质基础。一方面，在加强农村基层组织建设的基础上，健全以财政投入为主的稳定的村级组织运转经费保障制度，将适合村级组织代办或承接的工作事项交由村级组织，增强村级组织自我保障和服务农民能力。结合涉农资金统筹，加大农村基础设施建设投入，建立管护管理资金投入机制。另一方面，加大政策扶持和统筹推进力度，深化农村集体产权制度改革，积极探索集体经济有效实现形式，合理开发集体资源，大力发展新型集体经济，夯实基层治理的物质基础。

（三）资源环境刚性约束强化与发展方式转变

近年来，我国农业发展在很大程度上是依靠化肥、农药等物质要素的密集粗放投入实现的，导致各种生产要素关系高度紧张，环境污染问题不断加剧。2017 年，我国化肥总使用量为 5859.4 万吨，使用量约占世界的 1/3，相当于美国、印度的总和。就农药而言，2016 年我国农药使用量达 174.1 万吨，较 21 世纪初增长了 36.1%。化肥农药的过量使用，导致了严重的土壤污染问题。据《全国土壤污染状况调查公报》，全国土壤点位超标率达到 16.1%，其中耕地土壤污染面积达到 1.5 万亩、中重度污染面积达到 5000 万亩，点位超标率高达 19.4%。

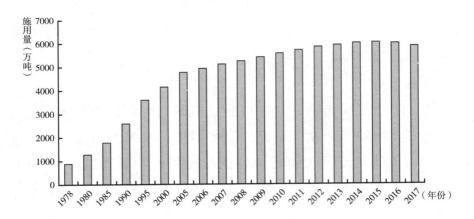

图 3 - 5   我国农用化肥施用量变化情况

资料来源：《中国统计年鉴 2018》。

农业现代化的程度越高，它与农业生态系统的依存关系也就越密切。目前，人口增长尚未跨越拐点，工业化和城镇化仍在加速推进，人地、人水矛盾还在进一步加剧，农业生产要素配置关系将日趋紧张。从中长期看，耕地减少、水资源短缺的趋势还将持续，生态脆弱、环境污染加剧的矛盾将更加突出，农业现代化发展面临的资源条件将更为严峻。

在资源环境约束加剧的条件下，促进农业可持续发展，必须切实转变农业发展方式。事实上，这一共识早已形成，但实践进展并不理想，很大程度上是由于以数量增长为导向的支持政策所带来的生产行为扭曲。基于此，在落实农药化肥使用量零增长、加强农业污染防治的基础上，要强化以绿色生态、质量效益为导向的支持保护政策，加大农业绿色生产和投资乡村绿色产业的支持力度，推动投入品减量化、生产清洁化、废弃物资源化、产业模式生态化，提高农业可持续发展能力。

（四）农业国际冲击加深与竞争优势重塑

加入 WTO 以来，我国农产品市场已经深度融入国际市场，这为我们充分利用国际市场和资源调节国内供求提供了有利条件，但也给国内农业生产和市场运行稳定带来一定挑战。特别是国际粮食和石油价格联动趋势日益明显，农产品利用能源化、交易金融化趋势增强，影响国内农产品市场和价格稳定的因素复杂多变，保持农产品市场稳定的难度加大。

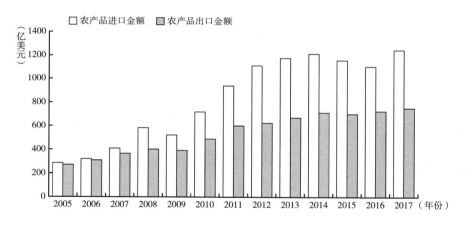

图 3 - 6　中国农产品进出口变化

资料来源：商务部。

更大的压力是，在"入世"近 20 年后，中国小农业的危机才真正开始浮现。"入世"之前，有不少人对中国的小农业能否抵挡住国外的大农业深表担忧。这些年来我国农业在参与国际竞争中并没有落败，反而实现了平稳发展，让这一担忧似乎显得多余，这很大程度上是因为我国农业具有成本优势。然而，近年来我国农业生产土地、劳动力等成本刚性上涨已是不争的事实，参与国际竞争的成本优势在逐步丧失，直接的结果是一些重要农产品出现国际国内价格"倒挂"现象，即主要农产品国内市场价（批发价或到港价）已全面高于国外产品配额内进口到岸税后价。

国内外价格"倒挂"，无疑给我国分散小农生产带来全面而深刻的影响。"入世"后，我国遵照国际贸易规则，大幅降低了农产品关税，平均关税只有 15.2%，约为世界农产品平均关税水平的 1/4。相反，有些国家继续对农业实行高补贴、高保护的政策，仍然维持了很高的国内支持和市场保护水平。在国外享有大量补贴的低价农产品面前，我们可利用的调控手段并不多。我国分散的小农生产究竟能不能抵御住、如何抵御住国外大农业的冲击，既是一个老问题，也是一个新课题。

表 3-2   2014 年中美主要农产品生产成本比较

单位：元

项目	小麦		玉米	
	中国	美国	中国	美国
产量(每亩,下同)	428.01	165.45	499.79	711.37
总成本	965.13	318.71	1063.89	696.84
生产(运营)成本	783.80	128.04	839.48	361.04
人工成本	364.77	2.23	474.68	3.20
土地(机会)成本	181.33	65.81	224.41	177.63
净利润	87.83	-68.33	81.82	-86.71
每 50 公斤主产品				
平均出售价格	120.59	72.64	111.85	42.79
总成本	110.53	96.32	103.86	48.98
净利润	10.06	-23.68	7.99	-6.19

续表

项目	大豆		长绒棉	
	中国	美国	中国	美国
产量(每亩,下同)	143.60	214.30	79.00	51.23
总成本	677.34	481.07	2030.00	720.41
生产(运营)成本	419.64	182.18	1630.00	401.30
人工成本	216.73	3.14	941.50	15.80
土地(机会)成本	247.70	160.26	400.00	90.55
净利润	-25.73	22.43	465.89	-148.37
每 50 公斤主产品				
平均出售价格	219.41	117.48	1394.71	459.82
总成本	228.21	112.24	1134.37	703.06
净利润	-8.80	5.24	260.34	-243.24

资料来源：《全国农产品成本收益资料汇编2015》，美国农业部经济研究中心。

　　危机已在面前，唯有主动作为才能克服困难。在农业进一步扩大开放中重塑竞争优势，需要建立健全农业对外开放统筹管理机制，加强涉农国际贸易、投资、技术标准的基本规则和相关法律法规的系统研究，提高制定和利用国际贸易规则的能力。同时，建立农业产业安全保障体系，搞好产业损害应对政策储备，综合运用关税、关税配额、技术性措施等合法手段，妥善处理贸易摩擦，合理调控农产品贸易。此外，要充分利用国际规则空间，转变政策支持方式，提高农业长期竞争力。

四　农村产业融合助推农业现代化

　　农村产业融合是制度创新、技术进步共同引致的，以农业为基本依托，三大产业有机结合、交叉渗透，最终实现产业链延伸、价值链提升和供应链优化的动态发展过程，是农业组织方式和形态的重要突破和创新。

（一）农村产业融合发展条件逐步形成

1. 政策创新释放产业融合活力

20世纪80年代，家庭联产承包责任制以及配套政策的实施，极大地释放了农业生产力，催生了农业产业化经营模式的兴起和发展，围绕农业生产环节进行的产业上下游资源配置越来越多见，三次产业关系加快调整并逐步趋向合理。21世纪以来，我国进入了一个更为密集的农业政策调整期，农业制度安排从被动的适应性调整转变为主动的政策设计，连续多年出台强农惠农政策，构建起一个相对完善的农业政策支持体系。政策持续叠加产生累积效应，形成对产业融合发展的边际激励和风险激励；同时，农村产权制度改革开始破冰，农村产权更加明晰化和可交易，促进了要素的流动、重组和优化组合，为产业融合发展奠定了基础条件。

2. 技术进步集聚产业融合动能

在我国几千年农业文明的历史进程中，技术进步长期扮演着重要角色。耕作方式和生产工具的改进，推动古代农业精耕细作达到相当高的均衡水平。建立在现代自然科学基础上的农业科学技术的形成和推广，打破了技术滞后的低水平均衡，成为20世纪90年代以来继家庭联产承包制改革效应递减后，农业发展的主要接续动能。当前，以生物技术、信息技术为代表的新一轮技术革命正在兴起，并加快向经济社会各领域渗透，已经并将继续深刻改变人们的生产生活方式，对农业的发展也带来极其深远的影响。与过去技术进步主要作用于农业生产领域不同，新一代信息技术广泛渗透于农业生产、服务、加工、流通和营销等各个环节，对农业的改造将是全方位的，不仅引发农业生产经营方式的变革，促进农业产销向智能化、精准化、网络化方向发展，也将重塑农业产业形态、商业模式，在更高的层次上和更大的范围内重新配置产业资源，推动产业效率和价值的提升。

3. 消费需求创造产业融合空间

消费是生产的先导，市场需求变化是农村产业融合发展的基础诱因。当前，随着消费观念转型和消费水平提升，我国城乡居民消费行为正从大规模排浪式向个性化多样化升级，原料型、大众化的农业生产模式已经难以适应需求变化，延伸产业链条、拓展产业功能，需要增加优质农产品供给，满足消费者多样化消费需求。同时，随着新一代信息技术的广泛应用，农业生产者与消费者的角色更加模糊，越来越多的消费者希望参与农产品和食品生产过程，充当设计者和生产者的角色，体验式消费、参与式消费等需求的增长，为农业众筹、创意农业等新业态、新模式的发展提供了空间。此外，我国是一个食物消费大国，未来一个时期人口继续增长决定农产品需求总量将刚性增长，这种需求稳定、抗周期性等特征，成为新常态下现代要素进入农业的重要原因。

4. 要素变化孕育产业融合红利

农村产业融合本质上是生产要素自由流动和跨界配置的过程。长期以来，在城市偏向和工业优先战略下，我国大量资源向城市和工业部门配置，劳动力、土地、资金等各种要素以不同方式流出农村，造成农业要素投入结构失衡，农业走的是一条拼资源、拼消耗的粗放型发展道路。近年来，我国农业要素投入结构出现改善趋势，主要表现为持续多年的大规模农业劳动力转移后，农村土地的人口承载压力下降，人地关系不断优化；同时，农村制度改革深化和新一代信息技术的渗透应用，带动了城市资本、管理人才、知识信息等现代生产要素进入农村，并与劳动力大量流出后改善的人地关系结合，正在孕育生成新一轮以现代农业为基础的现代要素再配置红利，这为农村产业融合发展提供了良好条件。

（二）农村产业融合发展的障碍

要清醒认识到，我国农村产业融合发展的趋势正在加快形成，但并不意味着农村产业融合已经进入发展的"快车道"。农村产业融合发展浪潮的真正来临，还需克服以下障碍。

1. 体制机制性障碍造成资源错配

目前深化农村改革已成为高度共识，部分领域的改革已经提速，但城乡二元制度障碍尚未根本消除，部分对农业的攫取性和非公平性政策依然存在，阻碍了城乡生产要素的自由流动和平等交换。要素自由流动和跨界配置受限，产业就很难实质融合。同时，在粮食增产价值导向下，我国农业政策支持和投入主要集中在农业生产环节，特别是粮食生产方面，不仅对农业产前、产后环节的投入有限，而且对生产的过度支持还侵占了其他环节的发展空间，农业科研、农产品加工流通等发展较为缓慢，产业链环节之间出现脱节，无法形成协同效应，导致农业产业链和价值链拓展受限。此外，农业政策支持和干预手段的机制化建设还比较滞后，适应市场经济要求的科学化、规范化的政府行为方式尚未真正确立，部分政策持续性和稳定性不足，导致政府扭曲市场、扰乱市场的现象时有发生，造成生产要素资源错配。

2. 市场功能性障碍制约效率提升

国内外的事实表明，市场作用发挥的有效性及其完善程度成正比，而市场作用的有效性又直接决定和影响生产效率。农村产业融合是市场发挥决定性作用的重要领域，但目前我国农产品市场体系还不健全，粮食等主要农产品价格形成机制还不完善，价格对生产要素的配置作用无法有效发挥。农村要素市场发育还很不成熟，要素自由流动受到较多限制。同时，农村信用体系不健全，农业产业化经营中涉农合同欺诈违法行为多发，企业和农户违约现象十分多见，增加了市场交易成本。此外，信息是基础性资源，但我国农业农村很多数据底数不清、核心数据缺失、数据质量不高、共享开放不足、开发利用不够、农业综合信息服务能力不强，制约了农业精准化、智能化生产，影响了基于数据的科学决策。

3. 融合主体不健全约束内生动力

市场主体发育程度决定着农村产业融合的深度和效率。市场主体数量不足、活力不够，农村产业融合发展的潜能就难以充分发挥。只有市场主体多起来、活起来，农村产业融合的形式才能更加丰富、动力才能更加充足。目前我国农村产业融合主体发育还很不充分，带动能力总体偏弱。家庭农场数量增长快于质量提升，不少农民合作社"有组织无合作"，参与产业融合的能力不足，难以发挥促进产业融合的基础作用。农业产业化龙头企业普遍存在规模小、带动力弱、与农户联结松散等问题，连接生产和消费的纽带作用不强，对农村产业融合的引领示范作用发挥不充分。供销合作社体制尚未完全理顺，与农民合作关系不够紧密，服务城乡的综合优势和潜能没有充分挖掘。社会资本是产业融合的生力军，但资本下乡服务体系不健全，部分领域向社会资本开放不够，社会资本的带动效应难以充分发挥。

（三）促进农村产业融合发展

农村产业融合发展具有复杂性和长期性，要坚持市场导向，发挥好市场"无形之手"和政府"有形之手"的作用，营造产业融合发展的良好生态，为推动供给侧改革破题提供支撑。

1. 加强改革创新，创设有利于要素跨界配置的制度条件

农村产业融合本质上是一个资源要素优化配置的过程，推动农村产业融合发展，首要和关键是促进城乡要素的自由流动和平等交换，矫正要素配置扭曲，而放活土地要素又无疑是重中之重。土地要素不能自由流动，资本、技术等要素就很难进得来，要加快推动农村土地承包关系长久不变政策落地，尽快完成农村土地承包经营权、宅基地使用权等确权登记颁证，在符合条件的地区，探索土地承包经营权永久性退出、宅基地使用权有偿退出等；积极推进土地承包经营权、宅基地使用权抵押，加快发展土地金融，推进土地资本化运营。同时，要完善农业支持保护政策，既要从财税、金融、价格方面给予产业融合全方位支持，也要创新支持方式，着眼农业产业链协同发展，推动新增补贴和支持手段向产业链前端和后端环节延伸覆盖，强化产业链协同效应。要深化农业管理体制改革，强化政府政策手段的机制化建设，进一步规范政府调控范围和程序，明确政策实施、调整和退出的程序，减少政府对农村产业融合的直接行政干预。

2. 健全市场体系，促进市场功能的有效发挥和稳定运行

首先，从保障市场公平交易和提高流通效率、降低流通成本着手，进一步健全粮食等重要农产品市场体系，特别是加强电子商务等先进的交易方式和手段的应用，提升农产品流通"最后一公里"和上市"最初一公里"组织化水平。其次，加快培育农村要素市场，引导农村产权有序流转交易，促进资源资产化、资本化，实现有效盘活。再次，积极开展农村信用体系建设工程，培养农民信用意识，建立农户、家庭农场、农民合作组织等农村社会成员信用档案，推进农产品生产、加工、流通企业和休闲农业等涉农企业信用建设，积极引导和鼓励第三方征信、评级、担保等机构参与农村征信体系建设，提高农村信用信息评价的准确性和社会认可度。最后，立足产业融合需求，推进农业农村大数据发展，加快数据整合共享和有序开放，深化大数据在农业生产、经营、管理和服务等方面的创新应用，提高服务产业融合的支撑作用。

3. 强化主体带动，构建类型多元、活力迸发的融合主体

农村产业融合既需要新技术、新模式，更需要有新的经营主体。一是发挥产业化龙头企业的引领作用，鼓励和支持领军型龙头企业利用价值链、信息链和物流链整合产业链，通过交叉持股、联合研发、供应商契约等方式整合研发、生产和销售各个环节。二是推动家庭农场和农民合作社规范化发展，从农业农村基础设施、农业社会化服务、农产品流通等方面加大支持力度，转变支持方式，鼓励发展土地股份合作社、资金互助社等新型合作社，支持符合条件的农民合作社向联合型、多功能型的企业型组织发展。三是在落实好"三个不得"的前提下，逐步消除对工商资本下乡的一些歧视性政策，加快健全工商资本下乡服务体系，引导社会资本深度参与农村产业融合。四是支持产业融合主体构建联合合作机制，通过合同契约、股份合作、二次分配等方式，建设集生产、加工和服务于一体的发展联合体。

4. 加强服务支撑，营造有利于产业融合发展的良好生态

农村产业融合涉及的范围广、复杂性强，政府既要避免"放任不管"，也不能"大包干"，需要更加有为而不越位，加快构建农村产业融合发展的公共服务体系，优化产业融合发展环境。一方面，依托农村公共服务体系，建设产业融合公共服务平台。产业公共服务平台具有开放性和资源共享性，可以降低开发成本、规避技术风险，对增强广大农民、农业新型经营主体产业融合参与能力具有重要作用，应重点围绕信息化、融资服务、人才培育、产权交易等，吸纳供销合

作社、社会资本等力量，构建多元化、全方位的产业融合公共服务平台。另一方面，创新产业融合服务方式，提升服务水平。围绕农业产业链和价值链建设，加快培育产业融合社会化服务组织，鼓励采取订单式、承包式、代理式等方式，提供技术支持、创业辅导、投资融资、市场开拓等服务。

第四章
供给革命：农业高质量发展的战略路径

我国农业主要矛盾已经从数量不足转向结构性失衡。农业的特殊性，决定了深化农业供给侧结构性改革的敏感性、复杂性。推动实现高水平的供需平衡，不是简单做加减法，而是要着眼于解决长期根源性问题，唯有如此才能真正走出农业结构调整循环困境，形成农业现代化的长久动能。

新中国成立以来，我国农产品供求关系发生过三次重要阶段性变化，即实现了从供给绝对短缺向供需基本平衡再向阶段性供给过剩的转变，农村相关改革和政策调整也经历了从计划管制到政府主导、市场决定的演变过程。进入新世纪特别是 2004 年后，国家一系列强农惠农政策的实施和农业科技进步，推动了主要农产品产量持续稳步增长，结构性矛盾上升为农业主要矛盾。面对农业发展阶段性变化和农产品供求新形势，中央提出推进农业供给侧结构性改革的重要战略部署，对提高农业综合效益和竞争力意义重大。深化农业供给侧结构性改革，需要聚焦破解农业长期存在的结构性、体制性矛盾，推动实现农产品由低水平供需平衡向高水平供需平衡的跃升。

一 两次农业结构调整的循环困境

改革开放以来，在农产品供求矛盾转化过程中，我国先后进行过两次农业结构战略性调整，改革虽取得一些积极成效，但仍存在一些突出矛盾和问题，对当前深化农业供给侧结构性改革仍具有一定的警示和启发意义。

（一）1985 年第一轮农业结构调整：着眼打破"以粮为纲"，解决种植业品种结构失衡问题

1978 年以前，我国基本形成"以粮为纲"的生产结构，种植业占农业主导，粮食又占种植业主导，农业生产结构比较稳定。改革开放后，随着家庭联产承包责任制的实施，农业生产力得到极大释放，粮食不断获得大丰收，至 1984 年，我国粮食产量较 1983 年增产5.2%。然而，同年也开始出现农民"卖粮难"和油料、糖料等其他多数农产品供给不足问题。为解决粮食种植比例畸高、其他农产品供

给不足等问题，1985 年我国进行了第一轮农业结构调整，取消实施已久的农产品统购制度改为合同定购，同时积极鼓励粮棉集中产区发展农产品加工业。两项政策实施后，当年粮食出现"量减价跌"，减产达 6.9%。总体看，由于粮食产量出现滑坡，保障粮食生产成为农业结构调整中不可突破的底线，此轮农业结构调整事实上虽并未完全深入推进，但农业结构还是发生了一些变化，种植业占比从 1985 年的 69.3% 下降到 1997 年的 58.2%，种植业中粮食作物播种面积占比也由 75.8% 下降到 73.3%。

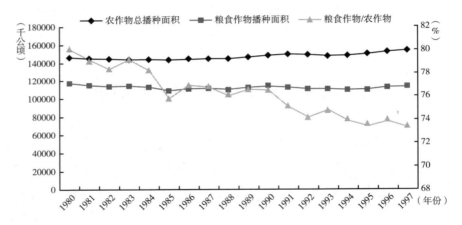

图 4 - 1　1980 ~ 1997 年农作物总播种面积和粮食作物播种面积变化

资料来源：《新中国农业 60 年统计资料》。

（二）1998 年第二轮农业结构调整：推进农业优质高效发展，解决品种和品质结构失衡问题

20 世纪 90 年代末期，我国粮食连年丰收，供需由"长期短缺"转变为"总量平衡、丰年有余"，全国人民的吃饭问题基本得到解决。但持续多年的丰收后，我国再次出现"卖粮难"问题，农业效益下滑、农民收入增幅持续回落。同时，农产品质量安全问题开始凸

显，消费者对优质产品的需求与日俱增，农产品生产与居民消费的矛盾开始加剧。为此，1998 年后我国实施了以促进农业高产、优质、高效发展为主要内容的第二次农业结构调整，主要举措是降低粮食收购价、抛售陈化粮和增加优质农产品供给。由于 1999～2003 年粮价持续低迷，农民种粮积极性严重受挫，粮食产量出现连续多年减产，从 2004 年开始，增加粮食产量成为农业结构调整的重心，此轮农业结构调整并未达到预期目标。

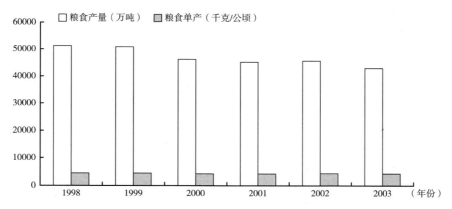

图 4－2　1998～2003 年粮食产量和单产变化

资料来源：《新中国农业 60 年统计资料》。

二　探寻农业供给结构失衡的根源

20 世纪 80 年代中期以来我国进行的两轮农业结构调整，一定程度上陷入了"一调就减、一减就慌、一慌就收"的"怪圈"，最后皆因粮食减产而使改革未能真正深入推进，其关键原因在于未能解决造成农业供给结构失衡的根源性矛盾。当前，我国深入推进农业供给侧结构性改革，如不能从这些根源性矛盾着手，很可能使改革陷入往复循环的"怪圈"。

（一）农业生产要素投入结构长期失衡

生产要素投入结构一定程度上决定了经济增长方式和效率。我国农业供给质量和效率不高，关键在于要素投入结构不合理。长期以来，在我国工业优先和城市偏向的发展战略下，大量资源被优先配置到工业和城市，农业农村资源单向流出，导致农业发展在一定程度上陷入"贫困恶性循环陷阱"。近年来，农村制度改革的不断深化和新一代信息技术的渗透应用，带动了城市资本、管理人才、知识信息等现代生产要素进入农村，促进了农业生产效率的提升，但农业生产要素自由流动和平等交换仍面临诸多制度性障碍，现代生产要素对传统要素的替代不足，影响了农业要素配置效率的提升，进而影响农业全要素生产率的提高。

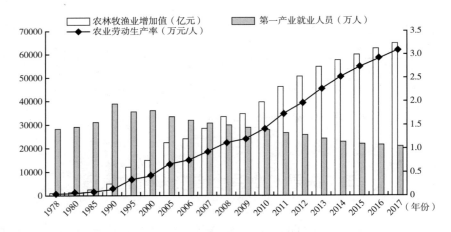

图 4 - 3 1978～2017 年我国农业劳动生产率变化

注：计算公式为：农业劳动生产率 = 农林牧渔业增加值/第一产业就业人员。
资料来源：《中国农村统计年鉴 2018》。

测算表明，2000 年以来，我国农业要素配置总效率值为正，推动了农业全要素生产率的增长，但近年来农业要素配置效率呈下降趋势。

现代生产要素进入困难，农业生产要素配置效率提高不快，导致我国农业发展只能长期拼资源、拼消耗。当前，我国农村劳动力成本刚性上涨、土地流转加快推进，推动传统农业向现代农业转型进入关键阶段，急需扭转资本、土地、劳动力要素投入结构失衡和配置扭曲的局面。

（二）农业产业链协同发展机制不健全

优质农产品的有效供给，取决于从田间到餐桌各产业、各环节的有效耦合。近年来，我国部分农产品供求结构矛盾比较突出，一定程度上在于农业产业链和价值链建设比较滞后，尚未形成一个高效率的农业供给体系，导致供给难以适应居民消费从温饱型消费向享受型、发展型消费转变的趋势。

长期以来，在追求粮食增产的取向下，我国农业政策支持和资金投入主要集中在农业生产环节，农业科技、农产品加工流通等环节发展缓慢，产业链环节之间脱节，无法形成协同效应。以冷链物流为例，尽管我国冷链物流仓储规模逐步增长，但发展仍相对滞后，冷链基础设施短板还很明显。据统计，2017 年全国冷库总容量达到 4775 万吨，冷库总量基本与美国持平，但人均拥有量只占美国的 1/4、日本的 1/3。①

相较于发达国家，我国在农业科技、农产品加工流通等环节的投入占比要低得多，导致相当一部分农产品不得不以初级原料形式供应市场，难以满足居民多样化、多层次的消费需求。特别是，农产品加工业具有联结农业生产和居民消费的纽带作用，但对农产品加工的政策支持比较有限。同时，由于原料成本刚性上涨、国际市场竞争挤压加剧，农产品加工企业生产经营十分困难，企业扩大产能、进行精深加工的动力不足。

---

① 洪涛：《2018 年中国农产品冷链物流发展报告》，中国物流与采购网，2018 年 4 月 12 日。

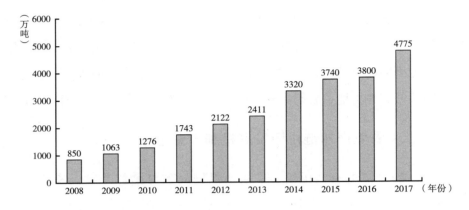

图 4 – 4   2008 ~ 2017 年我国冷链物流仓储规模

资料来源：《2018 年中国农产品冷链物流发展报告》。

（三）政府宏观调控机制化建设滞后

我国农业发展承担着保障国家粮食安全和农民生存发展的重要使命，其公共功能和弱质属性决定农业历来是国家政策干预和支持的重要部门。新中国成立以来，我国农业生产力的几次飞跃，与政府支持的强化和改善直接相关。特别是 21 世纪以来，我国密集出台了一系列强农惠农政策，构建了相对完善的农业支持政策体系，国家对农业的投入和支持力度不断加大，这是近年来农业稳定发展农民持续增收的重要原因。

在迈向市场化的进程中，我国总体上形成了与市场经济相适应的农业宏观调控框架体系，但规范化、机制化的政府行为方式尚未真正确立，政府越位、错位现象时有发生。部分农业政策持续性和稳定性不足，政府直接干预市场价格形成，扰乱了市场运行，造成生产要素资源错配，带来一系列结构性问题。比如，粮食收储政策虽对增产功不可没，但在一定程度上将粮食市场变成"政策市"。又如，在农产品价格调控方面，由于调控机制不成熟，政府顺周期调控反而成为放大农产品价格波动的推手。

三 改革中不可忽视的衍生风险

农业结构性改革是深化供给侧结构性改革的重要领域，但相比其他领域的改革具有三大特性：一是敏感性。农业供给侧结构性改革涉及全国人民吃饭问题，也关系亿万农民增收问题，这对改革提出了更加谨慎的要求。二是复杂性。我国区域差异较大，农业种植结构、生产方式都存在显著的不同，决定了改革的复杂特性。三是不可控性。农业受自然风险和市场风险双重影响，而且目前小农生产占主导，这在一定程度上增加了政策执行的不可控性。因此，不能低估改革的复杂性，要切实做好风险应对、为改革付出成本的准备。

（一）粮食产量波动甚至滑坡的风险

我国粮食总产量已经连续多年稳定在 1.2 万亿斤以上，粮食供求相对宽松，这与近年来政策支持力度加强、农业基础设施条件改善、农业科技进步等有很大关系，但并不意味着我国粮食安全状况已高枕无忧。

目前，我国还有大量农田基础设施仍很薄弱，农业生产面临的土地、水资源约束日益强化，科技进步对产能提升的支撑能力不足。以农田水利设施为例，不少灌溉排水设施建于 20 世纪 50～70 年代，普遍存在标准低、不配套、老化失修、效益衰减等问题，截至 2016 年底，全国农田有效灌溉面积比重只有 54.7%，相比美国超过 70% 的比例明显偏低。到 2017 年，全国节水灌溉面积占耕地灌溉面积的比重刚刚超过 50%。

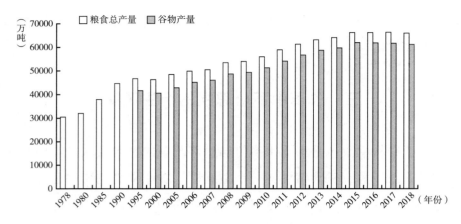

图 4 - 5   1978 ~ 2018 年我国粮食和谷物产量变化

资料来源：《中国统计年鉴 2018》、国家统计局。

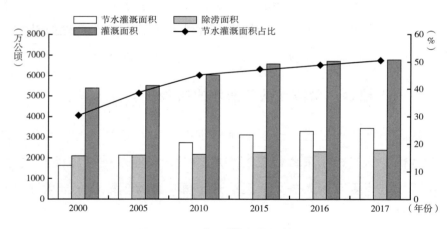

图 4 - 6   我国耕地灌溉情况

注：节水灌溉面积占比 = 节水灌溉面积/耕地灌溉面积。

资料来源：《中国统计年鉴 2018》。

更为关键的是，我国粮食的持续增产或丰产，一定程度上是建立在政策资源累积、透支生产要素和环境基础上的，粮食生产的产能事实上并不稳固，保持粮食供需总量和结构平衡的压力依然较大，发生粮食产量和价格波动的基础依然存在。特别是近年来，我国粮食生产的比较效益下降，国家政策支持成为调动农民种粮积极性的重要原因，但随着非农就业机会增多和农民收入主渠道变化，政策支持的边际效应事实上已经出现递减。如果结构性改革的力度和节奏把握不好，市场风险过度向农民转嫁，就可能导致粮食产量出现较大幅度波动甚至多年下滑。

（二）农民收入陷入增长徘徊的风险

21 世纪以来，我国农民收入连续多年增长，粮食连续丰产条件下未出现严重的"卖粮难"和"谷贱伤农"问题，一定程度上是政府持续加大对农民收入的保护和支持力度的结果。粮食价格提升和产量增长，使农民获得了双重实惠，促进了农民家庭经营性收入的增长。2015 年开始，国家探索对玉米临时收储政策进行调整，在下调玉米收储价格后，2016 年开始实施"市场化收购＋补贴"政策；同时，粮食最低收购价也改变了连续上调的做法，保持稳定或逐步下调。

表 4 - 1　粮食最低收购价格情况

单位：元/50 公斤

年份	小麦			稻谷		
	白麦	红麦	混合麦	早籼稻	中晚籼稻	粳稻
2004				70	72	75
2005				70	72	75
2006	72	69	69	70	72	75
2007	72	69	69	70	72	75
2008	77	72	72	77	79	82
2009	87	83	83	90	92	95
2010	90	86	86	93	97	105
2011	95	93	93	102	107	128

续表

年份	小麦			稻谷		
	白麦	红麦	混合麦	早籼稻	中晚籼稻	粳稻
2012	102	102	102	120	125	140
2013	112	112	112	132	135	150
2014	118	118	118	133	138	155
2015	118	118	118	133	138	155
2016	118	118	118	133	138	155
2017	118	118	118	130	136	150
2018	115	115	115	120	126	130
2019	112	112	112	120	126	130

从"政策市"向"市场市"的快速转变，对农民收入的持续影响也不可忽视，特别是在当前农业生产成本快速上涨和国际农产品价格走低的背景下，政府补贴对价格下降造成减收的替代作用不应过高估计。事实上，随着近年来我国经济增速放缓，农民工资性收入和经营净收入增速出现下滑，农民增收疲态已逐渐显现，部分地区农民增收不排除有陷入徘徊的可能。

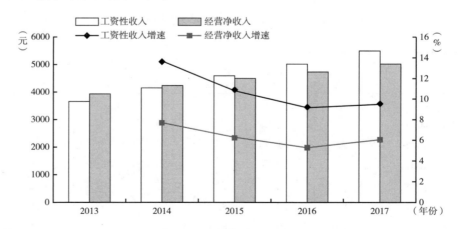

图 4-7　我国农民工资性收入和经营净收入变化

资料来源：《中国统计年鉴 2018》。

（三）政策效果"漏损"的风险

加入世界贸易组织以来，我国农业开放的广度和深度都有很大程度提升，我国从农业扩大开放中获得了红利，利用国外资源保障和丰富了国内供给、节约了水土资源，但开放条件下国内农业发展面临的外部压力和挑战也在逐步加大。为了加入世界贸易组织，我国在农业方面做出了重大承诺，导致近年来在应对国外低价农产品冲击方面可采取的手段不多。国外大量享有补贴的低价农产品涌入国内，打压了国内农产品市场价格，导致国内农产品收益率快速下降。

2004～2017 年，我国三种粮食平均每亩成本利润率由 49.69% 下降到 -1.16%；大豆由 50.21% 下降到 -19.57%；棉花由 30.02% 下降到 -20.18%；两种油料平均由 54.60% 下降到 -6.43%。

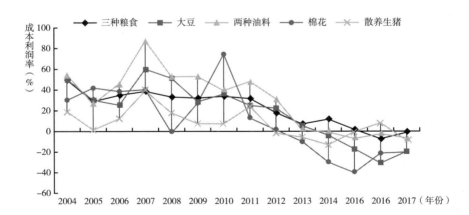

图 4 - 8 主要农产品每亩成本利润率变化

资料来源：《全国农产品成本收益年鉴资料汇编 2018》。

同时，国外低价农产品冲击也干扰了国家农业宏观调控，导致宏观调控效果受到影响。目前，推进农业供给侧结构性改革，生产支持、进口管理等政策工具如果不能形成合力，国外低价农产品冲击和市场价格波动可能扰乱国内改革的步伐和节奏，带来政策效果"漏损"的风险。

四 扭转"三大结构性失衡"格局

深化农业供给侧结构性改革，既需要解决当期农业供给侧的突出问题，更应该从破解根源性矛盾着手，构筑农业在更高水平上实现平衡发展的新格局。

（一）扭转农业要素投入结构失衡

一是加大土地制度改革力度，加快释放土地要素。土地是农业最基本的生产要素，也是当前制约要素配置效率提升的关键。近年来，我国加大了农村土地制度改革力度，但达到土地要素的自由流动和平等交换还有很大距离，应加快明晰土地产权，在符合条件的地区，探索土地承包经营权永久性退出、宅基地使用权有偿退出等。同时，健全农村土地产权交易平台，积极推进土地承包经营权、宅基地使用权抵押，加快发展土地金融，推进土地资本化运营。

二是加强劳动力职业化建设，提升从业者素质。在积极培育农民合作社、家庭农场等新型经营主体的同时，应进一步加大对有意愿、有文化基础农民的培训力度，创新培训形式和内容，使这部分群体成为新型职业农民。同时，随着农村经济的日益复杂化、多样化，缺农业产业工人的问题将会逐步凸显，应重视和加强现代农业产业工人培训，夯实农业产业化人才基础。特别是，结合农村产业融合发展，积极引进一批高素质、高技能人才。

三是积极引导工商资本下乡。在农村生产要素的重组配置方面，城市工商资本的作用不应该忽视。在落实好"三个不得"、设立好"防火墙"的前提下，逐步消除对工商资本下乡的一些歧视性政策，同时加快健全工商资本下乡服务体系，着力解决工商资本下乡用地难、用工难、融资难等瓶颈问题，引导好、服务好、保护好工商资本下乡的积极性。

（二）构建协同发展的农业产业链

推进农业供给侧改革，提高农产品供给体系的适应性和灵活性，促进农产品供给与需求在更高水平上有效匹配，需要加强产业链的整合和建设，构建产业环节均衡发展、协同发展的新格局，提高产业链效率和竞争力。

一是强化农业产前产后环节的支持。优质产品不仅是"产"出来的，还是技术进步、加工转化等共同作用的结果。尽快改变政府投入和政策资源过于集中于生产环节的局面，在稳定农业生产的同时，着眼农业产业链的协同发展，推动新增补贴和支持手段向产业链前端和后端环节延伸覆盖，促进农资供应、农业科研、农产品加工、流通销售等环节一体化发展。

二是加强产业服务体系建设。产业服务体系对促进小农户与现代农业有机衔接、三产融合发展等具有积极作用，应进一步健全农业社会化服务体系，积极开展农业生产全程社会化服务机制创新，将小农业生产逐步纳入社会化服务体系。加强农村三产融合公共服务平台建设，完善信息咨询、技术支持、创业辅导、市场开拓、融资担保等各类服务，构建产业融合发展生态。

三是支持产业链经营主体加强合作。鼓励和支持领军型龙头企业，包括工商企业，利用价值链、信息链和物流链整合产业链，通过交叉持股、联合研发、供应商契约等方式整合研发、生产和销售环节。鼓励创新农业产业化利益联结模式，建设集生产、加工和服务于一体的发展联合体。

（三）加强政府调控机制化建设

让市场在资源配置中起决定性作用和更好发挥政府作用，需要加快农产品市场、农业要素市场等建设，健全市场功能，同时加快推进政府调控机制化建设。

一方面，加强宏观调控目标和政策手段机制化建设，推进调控目标制定机制化，避免调控在稳产量、促增收之间徘徊。进一步规范调控范围和程序，明确政策实施、调整和退出的程序。加强农产品加工、农产品价格等领域调控手段的机制化建设，提高政府市场监管能力、组织管理能力和风险防范能力。

另一方面，强化国内国际统筹，加强农业供给侧结构性改革与农业对外贸易、其他农业政策之间的衔接，强化各类政策手段的组合运用，充分利用好国际国内两个市场、两种资源，提升农业资源配置能力和市场控制力。

第五章

要素变革：农业供给侧结构性改革破题的关键

优化要素配置效率是农业供给侧结构性改革破题的关键。推进传统农业向现代农业转型，首要和关键是矫正长期以来农业要素错配格局。能否全面激活要素、合理配置要素，决定了农业现代化的实现程度。

过去几十年来我国城市和工业部门发展成就卓越，其中资本深化和劳动力城乡大流动带来的要素再配置红利功不可没。新世纪以来，我国资源要素供给条件发生显著变化，非农部门生产要素再配置贡献效应逐步减弱，持续多年的高增长时代逐步终结，发展进入新旧动能转换接续关键期。开放红利和人口红利之后中国是否还有下一个增长红利？回溯历史，中国的改革最先从农村取得突破，去集体化使亿万农民重获经济自由，生产要素潜能释放使农村经济得以复苏，并为工业化、城市化发展提供了强大动力源泉，但是农业农村的发展并没有被同步纳入现代化进程，长期要素净流出使农村衰败、农业兼业化和农村松散化。始于 20 世纪 90 年代的农村劳动力城乡大流动，一定程度上缓解了人口对耕地的压力，改善了人地关系，但农业要素投入结构长期失衡和配置扭曲状况没有从根本上得到缓解，并成为农产品总量增长与质量提升不同步、供给与需求不匹配的重要诱因。没有要素投入结构的优化和组合效率的提升，就很难形成一个高质量、高效率的农业供给体系。优化要素配置、提高全要素生产率成为农业供给侧结构性改革破题的关键。本章重点回答持续多年的城乡劳动力大流动后，农村人地关系、资本劳动替代关系等究竟发生了什么变化，农业要素配置是否存在扭曲及其在多大程度上影响农业生产效率提升，农业生产要素高效配置面临哪些主要障碍。

一　农业要素投入及结构变化趋势

（一）农业要素投入变化趋势[①]

新中国成立后相当长时间内，受城乡二元分割制度阻隔，城乡间

---

① 文中的农业指种植业不包括林牧渔业。

公共资源呈非均衡配置格局，生产要素无法自由流动。改革开放以来，随着制度放活和技术进步，农业生产要素投入量发生较大变化，城乡间要素流动和交换明显增强，土地、劳动力和资本投入呈现出不同变动趋势。

1. 土地要素①投入在波动中总体增长

土地是农业最基本的生产要素。过去几十年来我国农业土地要素投入总体增长，但不同时期波动性较大。1978～1993年，随着家庭联产承包责任制及配套改革效应的逐步释放和递减，土地要素投入经历了一个徘徊期，之后整体保持了较快增长趋势。1994～1999年、2007～2014年，农作物播种面积年均增速均接近1.1%。2014年农作物播种面积达到16500万公顷，相比1978年增加了10.2%。

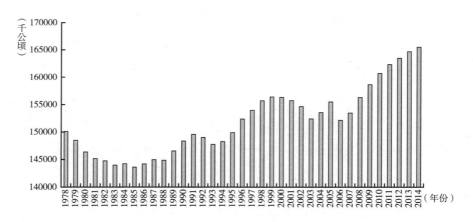

图 5 -1　1978～2014 年全国农作物播种面积

资料来源：历年《中国统计年鉴》。

---

① 土地要素（S）选取农作物播种面积。理由是由于缺乏统一、连续的耕地面积统计数据，且农作物播种面积考虑了复种指数，相比耕地面积更能反映土地实际利用效果。农作物播种面积数据为1978～2014年，全国省级层面的面板数据。

2. 劳动力要素①投入呈现"先升后降"

家庭联产承包责任制的实施无疑极大地调动了广大农民的生产积极性，我国农业劳动力投入在改革后的十多年间快速增长。1978~1991 年，全国农、林、牧、渔业从业人员数量从 2.85 亿以年均 1.42% 的速度增长至 3.42 亿。90 年代后，随着户籍制度的松绑，大批农村劳动力向城市转移，农业劳动力投入出现分水岭式的变化，到 2014 年农林牧渔业从业人员数量减少至 2.64 亿，相比 1991 年减少 22.82%，其中 2000~2007 年从业人员数量下降最快，年均减少 1.92%。

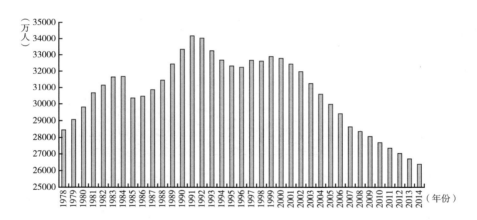

图 5 - 2　1978~2014 年农业从业人员

资料来源：历年《中国统计年鉴》。

---

① 劳动力要素（L）选择农林牧渔业从业人员数量。理由是未能直接获得从事狭义农业的劳动人数，且从事林牧渔业的劳动力仅占少数，农林牧渔业从业人员数量很大程度上能够代表农业劳动投入情况。研究数据同样是省级层面的面板数据。其中，1978~2012 年的数据来自国家统计局官方网站；2013~2014 年的数据由于统计年鉴未公布，我们采用估算的方法进行补充，根据 2010~2012 年农林牧渔业从业人员数量年平均增长率乘以 2012 年的数据推算出 2013 年、2014 年数据。

3. 资本要素①投入长期徘徊后快速增长

与土地和劳动力要素投入变动趋势不同，我国农业资本要素投入在改革开放以后相当长时期内一直处于窄幅变化状态，增长十分缓慢。经测算，1978～1999年，我国农业资本存量增速仅为4%。进入新世纪后，随着国家强农惠农富农政策的实施，农业资本要素投入快速增长。2000～2014年，农业资本存量年均增速达13%。2014年农业资本存量达到12875.4亿元，相比1978年增加了13倍。

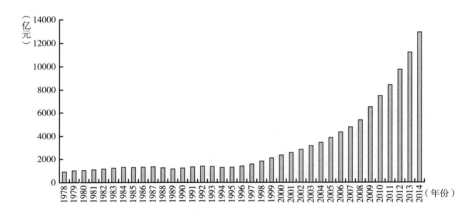

图 5-3 1978～2014年我国农业资本存量变化

资料来源：按1978年价格计算所得。

（二）农业要素投入结构变化趋势

随着土地、劳动力和资本要素投入的非对称性变化，农业要素之

---

① 资本要素（K）以农业物质资本存量实际值衡量。没有选择当年农业固定资本投资作为农业资本衡量指标，也没有选用化肥投入量，主要考虑的是农业资本存量比当年农业固定资本投资更能准确地反映农业资本实情，它既包含了当年投资，也包含了以往投资积累形成的净资本。农业资本存量依照李谷成等（2014）的方法进行测算，即永续存盘法。考虑到区域特殊性及省级层面区域调整变化，文中所有研究数据均不包括西藏，同时将海南纳入广东，将重庆纳入四川。

间的组合关系也发生了较大变化，呈现整体优化趋势。

1. 劳动力—土地比例关系波折变化但总体趋好

农村劳动力大量外流，在一定程度上缓解了长期以来人口对耕地的压力，改善了劳动土地关系，但这一过程并不是一蹴而就的。测算发现，1978～2014 年，劳动力—土地比从 0.53 公顷/人提高至 0.63 公顷/人，提升 18.9%。其中，从 1978 年到 1990 年代初，劳动力—土地比趋势下降。这一局面到农村劳动力大规模城乡流动即"民工潮"开始发生扭转。从 1990 年代初到 20 世纪末，劳动力—土地比处于相对稳定阶段。2000 年后，伴随农村劳动力加快转移，劳动力—土地关系持续优化。2000～2014 年，劳动力—土地比年均提升 2%。

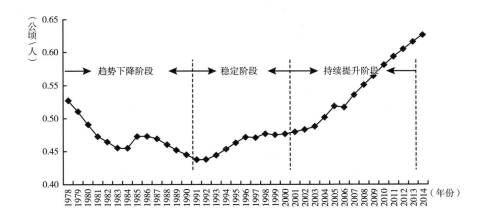

图 5-4　1978～2014 年劳均占用土地面积

2. 资本—土地比例关系在2000年左右出现拐点性变化

改革开放后的十多年间，我国农业土地资本比长期处于低位徘徊状态，基本稳定在 1000 元/公顷左右。进入新世纪后，资本土地关系出现了比较明显改善。到 2014 年，土地资本比提升至

7782.2 元/公顷，相比 2000 年增加了 4 倍多，年均增长 12.5%。
资本土地关系的改善与国家持续加大对农业农村投入有较大关系。
2000~2006 年，我国财政支农资金从 1231.5 亿元增加到 3173 亿
元，其中农业基本建设支出从 414.5 亿元增加到 504.3 亿元，年
均增长 3.3%。

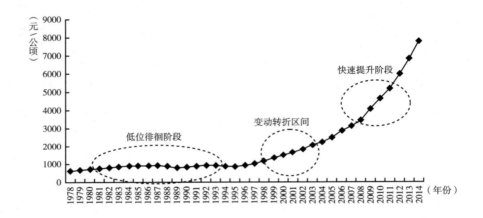

图 5－5 1978～2014 年每公顷土地资本投入

资料来源：按 1978 年价格计算所得。

3. 劳均资本在2004年以后进入快速深化过程

与土地资本比类似，改革开放后一段时期，我国农业劳动资本
比也长期处于徘徊状态。1978~1995 年，劳动资本比从 322.3
元/人波动增长至 401.5 元/人，增速低于同期经济增幅。新世纪交
替之际，在经历了一个农业劳动力外流与资本投入增长的逆向变化
过程后，劳均资本出现较快增长。1996~2000 年资本劳动比年均
增长 13.2%。2000 年后，资本劳动比年均增速达到 15%，农业资
本加速深化。到 2014 年，资本劳动比相比 1978 年增加 4557.4
元/人。

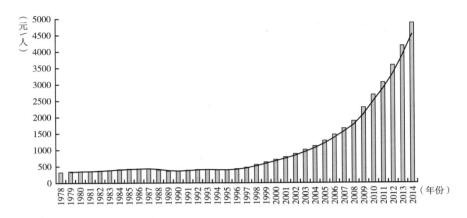

图 5 - 6　1978 ~ 2014 年劳均资本变化

二　我国农业要素配置效率变化

（一）农业要素配置总效率①变化

采用超越对数生产函数估计方法，可以测算全要素生产率（ΔTFP）并进一步分解出 1979 ~ 2014 年全国农业要素配置效率②。测算发现，改革开放以来我国农业要素配置总效率波动性较大，对农业全要素生产率的影响不稳定。其中，1980 年代多数年份农业要素配置效率为正；1990 年代绝大多数年份农业要素配置效率为负；进入2000 年后，农业要素配置效率再次转正，但 2009 年后开始进入下降通道。

---

① 要素配置效率反映要素弹性份额偏离要素成本份额的程度。若配置效率大于 0，说明能促进全要素生产率的增长；反之，则阻碍全要素生产率的增长。

② 在要素价格测量上，以农村居民家庭人均工资性纯收入代表劳动力价格，以前三年单位面积农业产值的平均值衡量土地价格，以五年期金融机构人民币贷款官方基准利率的 3 倍作为资本价格。

表 5 - 1   1979 ~ 2014 年农业要素配置总效率均值

年份	配置效率	年份	配置效率	年份	配置效率
1979	0.0166	1991	- 0.0176	2003	0.0304
1980	0.0283	1992	- 0.0403	2004	0.0211
1981	0.0498	1993	- 0.0112	2005	0.0249
1982	- 0.1879	1994	- 0.0232	2006	0.0619
1983	0.0034	1995	0.0310	2007	0.0205
1984	0.0171	1996	0.9201	2008	0.0268
1985	0.0361	1997	- 0.0363	2009	0.0324
1986	0.0169	1998	- 0.0962	2010	0.0204
1987	- 0.0595	1999	- 0.0629	2011	0.0139
1988	0.0122	2000	0.0179	2012	0.0025
1989	0.0196	2001	0.0667	2013	- 0.0001
1990	- 0.0210	2002	0.0863	2014	- 0.0108

注：表中配置效率数值为 28 个地区配置效率的均值，以地区均值表征全国要素配置效率情况；劳动力、土地、资本各要素配置效率处理情况与此相同。

（二）农业要素配置效率阶段变化

要素配置总效率[①]可分解为土地配置效率、资本配置效率、劳动

① 测算配置效率遵循如下步骤：首先，分别计算出各要素弹性占全部要素弹性的比例、成本占全部要素成本的比例，即弹性份额与要素成本份额；其次，计算弹性份额与要素成本份额的差值；最后，用差值乘以投入要素的增长值（即要素投入量对时间的导数），即可得到各个要素的配置效率。土地、资本、劳动力等配置效率的含义与要素整体配置效率一致，反映的是要素弹性份额偏离要素成本份额的程度。当要素弹性份额偏离成本份额的方向与要素投入变化率的方向一致，即要素配置效率部分大于 0 时，这种要素配置无效能使要素投入随时间变化按要素弹性及成本进行合理配置，能促进 TFP 增长；当要素弹性份额偏离成本份额的方向与要素投入变化率的方向不一致，即要素配置效率部分小于 0 时，要素配置无效使要素投入随时间变化按要素弹性及成本进行相反配置，会阻碍 TFP 增长。

力配置效率，各要素配置效率加总得到要素配置总效率。根据要素配置总效率值及变化趋势，可以大致划分出三个阶段。

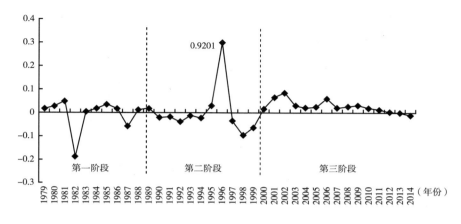

图 5 - 7　1979 ~ 2014 年我国农业要素配置效率

注：1982 年、1996 年要素配置效率值相比其他年份出现突变，原因可能是：1982 年宁夏资本投入减少 76.4%，其他要素并未同步调整，要素配置效率极低，降至 - 6.1646；如果去除宁夏，整体平均配置效率为 0.0334，与 1981 年、1983 年的值相差不大。1996 年广西资本投入增加 20%，其他要素投入同步跟进，配置效率极高，达到 25.2885；如果去除广西的取值，整体平均配置效率为 0.0175。

1. 1980年代：农业要素配置总体有效，劳动力、土地配置效率先后推动总效率增长

1980 年代，大多数年份农业要素配置总效率大于 0，要素配置效率促进了全要素生产率提升。这一阶段，劳动力配置效率和土地配置效率增加先后推动农业要素配置总效率增长。其中，1979 ~ 1985 年劳动力配置效率与要素配置总效率走势一致，劳动力配置效率对总效率的影响最大。除 1979 年、1984 年以外，劳动力要素对总效率的贡献最大，占总效率的比重最大，决定了总效率取值符号方向。1986 ~ 1989 年，土地配置效率与要素配置总效率走势一致，土地成为总效率贡献最大的要素。

表 5 - 2   1979 ~ 1989 年三要素对要素配置效率的贡献

单位：%

年份	劳动力配置效率	资本配置效率	土地配置效率
1979	43.89	191.16	-135.05
1980	62.86	36.54	0.60
1981	45.57	29.58	24.85
1982	59.93	-11.69	51.77
1983	-774.85	497.47	377.39
1984	19.36	85.23	-4.59
1985	155.38	-12.35	-43.03
1986	43.68	-43.58	99.90
1987	-29.11	24.31	104.80
1988	-212.91	152.12	160.79
1989	-123.17	111.12	112.04

这一阶段，农业要素配置呈现明显的劳动力要素驱动特征。资本与土地要素投入增长较为缓慢，劳动力要素投入呈现快速增长态势，但总体看，三要素配对关系保持"协同发展"特征。其中，资本与土地要素投入配对关系从 1980 的 28.8∶1 波动变化至 1989 年的 28.1∶1，呈逐年下降态势，但二者配对关系总体保持稳定。劳动力与土地要素投入配对关系表现出同样趋势。在要素投入配对关系相对协同的情况下，劳动力投入的增长成为此阶段农业要素配置有效的重要原因。[①] 这与家庭联产承包责任制实施后，农民生产积极性得到有效调动不无关系。

---

① 在规模报酬保持不变以及要素价格变化不大的前提下，要素配对关系处于较为稳定区间时，根据配置效率计算公式 $AE = \sum_{j=1}^{n} \left[\left(\frac{\varepsilon_j}{\varepsilon} - s_j \right) \times \dot{x} \right]$，不难有如下结论：第一，产出弹性份额与成本份额间的关系一般较为稳定；第二，要素投入的增长率成为影响配置效率取值符号的关键因子。

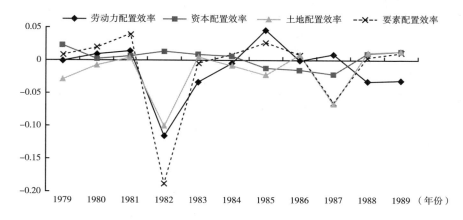

图 5 - 8　1979～1989 年劳动力、资本与土地要素配置效率变化

2. 1990年代：农业要素配置总效率比较低效，土地要素配置效率相对较高

1990 年代的多数年份，农业要素配置总效率值小于 0，阻碍了农业全要素生产率的提升。若取 1996 年农业要素配置效率值为 0. 0175（剔除广西），1990 年代农业要素配置效率均值为 - 0. 0260，整体处于低效状态。从要素配置效率结构看，土地配置效率相对较高。1990～1996 年，土地配置效率值都大于 0，同期大多数年份劳动力、资本配置效率值均小于 0。从各要素对配置总效率的影响看，劳动力与资本依次决定着要素配置总效率走势。1990～1993 年，劳动力要素对总效率的影响程度最大，对总效率的贡献度最高；除 1995 年外，1994～1999 年，资本要素对总效率的影响程度最深，成为决定总效率变化趋势的关键因子。

表 5 - 3　1990～1999 年三要素对要素配置效率的贡献

单位：%

年份	劳动力配置效率	资本配置效率	土地配置效率
1990	114. 64	85. 77	- 100. 40
1991	121. 06	66. 26	- 87. 32

年份	劳动力配置效率	资本配置效率	土地配置效率
1992	81.46	60.87	-42.32
1993	378.64	-118.31	-160.33
1994	-7.80	172.83	-65.03
1995	9.69	-68.54	158.85
1996	-13.10	84.94	28.16
1997	-270.31	300.76	69.55
1998	-6.73	88.31	18.42
1999	-53.30	126.52	26.78

这一阶段，劳动力投入减少和替代要素缺位是造成要素配置低效的主要原因。第一，要素投入配对关系在1995年后失衡。1990～1995年，劳动力、土地、资本投入配对关系较为稳定，保持相对一致的变化趋势；但是，1995年后劳动土地、劳动资本投入配对值迅速下降，导致1990年代后半期农业要素配置总效率比较低效。第二，劳动力投入快速减少，替代要素缺位。1990年代，农业劳动力大量转移，投入逐年降低，但替代要素并没有协同增长。一般认为，资本是劳动力的替代要素，但同时期资本投入量增速慢于劳动力投入减少速度。测算得知，这一阶段绝大多数年份资本劳动要素替代弹性值小于1，并且该数值呈现逐年降低趋势，这意味着，1990年代农业生产中资本尚未起到替代劳动力的作用，资本与劳动力的关系以互补为主。简言之，1990年代因劳动力投入迅速减少，资本尚未发挥替代劳动力的作用，要素配对关系失衡，导致农业要素配置效率低效。

3.2000年以来：农业要素配置效率有效但逐年下降，资本配置效率决定总效率走势

2000年以来，我国农业要素配置总效率大于0，要素配置处于有

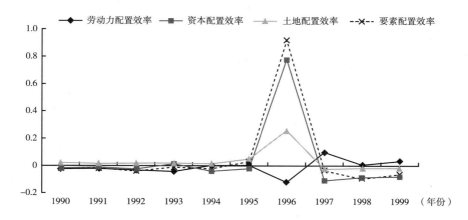

图 5 − 9   1990 ～ 1999 年劳动力、资本与土地要素配置效率变化

效状态并推动了农业全要素生产率的增长。总体看，这一阶段要素配
置效率呈现出两个阶段性变化。一是 2000 ～ 2009 年，农业要素配置
效率波动式变化，经历了两次波峰与波谷；二是 2010 年后，农业要
素配置效率逐年下降，要素配置总效率于 2013 年由正转负。

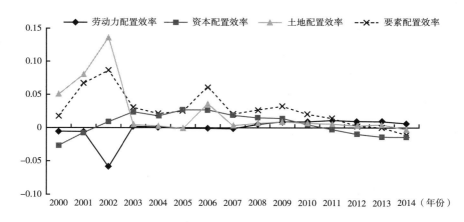

图 5 − 10   2000 ～ 2014 年劳动力、资本与土地要素配置效率变化

从各要素配置效率变化趋势看，资本成为这一时期尤其是 2003
年后决定总效率走势的关键性因素。从绝对值看，资本配置效率居

于三类要素之首，对总效率的绝对贡献值较高。从发展趋势看，资本配置效率与总效率有着近乎相同的变化规律。其中，2009 年后资本配置效率迅速走低，直接带动总效率趋弱。2008 年以前，资本替代劳动力、土地作用显化，要素配置关系改善。测算发现，2000 ~ 2008 年大多数年份，资本对劳动力、资本对土地的替代弹性均大于 1。资本深化成为农业要素配置总效率提升的重要原因。但是，2008 年后资本对其他要素替代作用逐渐弱化，导致农业要素配置总效率走低。根据边际生产技术率递减规律，资本投入快速增加与土地、劳动力投入的不同步，必然会降低资本对其他要素的替代作用。测算发现，资本对土地的替代弹性呈现出逐年减弱的趋势，部分年份二者表现出互补关系；而资本对劳动力的替代关系直接转为互补关系。

表 5 - 4　2000 ~ 2014 年三要素对要素配置效率的贡献

单位：%

年份	劳动力配置效率	资本配置效率	土地配置效率
2000	- 31.36	- 148.98	280.34
2001	- 8.74	- 11.16	119.91
2002	- 68.54	10.58	157.96
2003	6.77	78.68	14.56
2004	3.82	83.89	12.29
2005	- 3.76	107.97	- 4.22
2006	- 1.59	43.26	58.33
2007	- 7.18	91.11	16.07
2008	19.00	56.15	24.85
2009	28.23	43.58	28.19
2010	44.20	23.37	32.42

续表

年份	劳动力配置效率	资本配置效率	土地配置效率
2011	79.36	-19.80	40.43
2012	380.74	-393.07	112.33
2013	-11543.87	17151.18	-5507.31
2014	-58.89	131.64	27.25

三　要素配置总效率走低的根源

近年来，我国农业要素配置效率开始走低，直接原因是要素投入不同步，根本原因是城乡二元制度障碍造成要素无法自由流动和优化配置。

（一）农村地权不确定、不稳定

目前我国农村土地使用主体和交易存在诸多限制，尽管使用权排他，但产权关系并没有根本理顺，突出表现为土地所有权主体虚置，农户土地承包经营权经常被调整、不稳定。虽然十七届三中全会明确提出现有土地承包关系要保持稳定并长久不变，但多数地区还没有落实这一政策的具体措施，土地流转合同大多以二轮承包期为限，但由于合同到期后相关权益没有明确规定，影响农业经营主体投资积极性。据湖南某生猪养殖企业讲，"租了20年的地，已养了11年的猪，还剩下9年，先不说合同到期后很难收回成本，现在很担心合同到期后老百姓不把地租给你了，巨资投入兴建的设施怎么办"。

农村土地产权不确定和不稳定，导致农村土地无法高效流转，交易成本过高，土地不能与资本要素灵活、迅速、高效组合，进而抑制了农业生产要素的高效配置。近年来，我国农村土地经营权流转增速开始放缓，自 2013 年增速达到峰值后逐年回落。同时，围绕农村土地流转的纠纷也多发。据农业农村部相关数据，2016 年全国受理涉及土地承包的纠纷 25.7 万件，占受理纠纷总量的 67.4%，其中，土地流转纠纷 10.8 万件，占受理纠纷总量的 28.3%。[①]

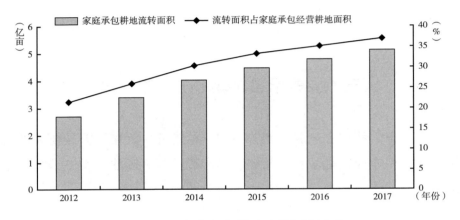

图 5-11　家庭承包耕地流转面积变化

（二）农业劳动力的更替受阻

由于高素质农业劳动力转移与新型农业经营主体的成长不同步，农业兼业化、副业化趋势加剧，农业劳动力整体素质下降，制约农业生产率的提升。据第三次全国农业普查主要数据公报，农业生产经营人员中，受教育程度在初中及以下的占到 91.8%，相比第二次全国农业普查数增加了 2.8 个百分点；从农业生产经营人员年龄看，第二次普查时 51 岁及以上农村劳动力占比为 25%，第三次普查 55 岁及以上农业生产经营人员占比达到 33.6%。农村劳动力文化程度偏低，影响其对新知识、新技术的接受和学习。

———————————

① 《2016 年农村家庭承包耕地流转及纠纷调处情况》，农业农村部网站，2018 年 1 月 5 日。

表 5 - 5　农业生产经营人员数量和结构

单位：万人，%

项目	全国	东部地区	中部地区	西部地区	东北地区
农业生产经营人员总数	31422	8746	9809	10734	2133
农业生产经营人员年龄构成					
年龄 35 岁及以下	19.2	17.6	18.0	21.9	17.6
年龄 36 ~ 54 岁	47.3	44.5	47.7	48.6	49.8
年龄 55 岁及以上	33.6	37.9	34.4	29.5	32.6
农业生产经营人员受教育程度构成					
未上过学	6.4	5.3	5.7	8.7	1.9
小学	37.0	32.5	32.7	44.7	36.1
初中	48.4	52.5	52.6	39.9	55.0
高中或中专	7.1	8.5	7.9	5.4	5.6
大专及以上	1.2	1.2	1.1	1.2	1.4
农业生产经营人员主要从事农业行业构成					
种植业	92.9	93.3	94.4	91.8	90.1
林业	2.2	2.0	1.8	2.8	2.0
畜牧业	3.5	2.4	2.6	4.6	6.4
渔业	0.8	1.6	0.6	0.3	0.5
农林牧渔服务业	0.6	0.7	0.6	0.5	1.0

资料来源：国家统计局：《第三次全国农业普查主要数据公报（第五号）》。

（三）社会资本进入门槛过高

在马克思看来，要彻底改造传统小农业，必须对农业生产和生产过程持续追加不可或缺的资本要素，改变其资源结构和配置方式，

"在商品经济条件下，无论是从社会的角度还是个别地考察，货币资本都表现为发动整个生产过程的'第一推动力'和'持续推动力'。它作为发达生产要素成为社会形式发展的条件和发展一切生产力即物质生产力和精神生产力的主动轮。"

实现农业现代化，必须来一场要素质量深刻变革。在要素的组合配置过程中，工商资本作为新变量的角色不可或缺。然而，由于存在非粮化、非农化担忧，政府对城市工商资本下乡进行了诸多前置限定，而不是通过制定资本下乡负面清单、全过程的监管来规范资本下乡行为，同时对资本下乡的土地、融资、用工等方面的服务也十分薄弱，导致资本重新组合土地、劳动力等要素变得比较困难，难以充分发挥带农的积极作用。

（四）农村市场发育不够健全

要素比价关系是影响配置效率的关键因子。我国农产品市场体系不够健全，各要素比价关系变动幅度较小，导致价格对生产要素的配置作用无法有效发挥。国内外事实证明，市场作用的有效性与其完善程度成正比，而市场作用的有效性又直接决定和影响生产效率。例如，我国粮食市场基础设施建设和交易方式比较落后，粮食收购服务体系和零售供应网络还不健全，生产、流通、消费相互脱节，全国统一、开放、竞争、有序的粮食市场体系还没有建立起来，导致市场缺乏形成价格引导生产的基础。同时，农村要素市场发育还很不成熟，要素自由流动受到较多限制，资源要素难以资本化。

四　提高农业要素配置效率的方向

传统农业向现代农业转型的过程，本质上是现代农业生产要素不断引入和重新组合配置的过程。过去 40 年来我国农业要素投入结构整体优化，要素配置效率经过 1980 年代总体有效、1990 年代相对低效、2000 年后总体有效但逐年下降三个阶段，城乡制度性障碍是导致当前农业要素配置总效率走低的根源。深化农业供给侧结构性改革，推进农业现代化，首要和关键是矫正农业要素配置扭曲，重点要在以下三个方面着力。

一是加快放活土地要素。土地是农业生产要素配置的基础。土地不能自由流动，资本、技术等生产要素就很难进得来。现行土地制度改革试点力度与社会期待存在一定差距，要在尽快完成农村土地承包经营权、宅基地使用权等确权登记颁证，加快推动农村土地承包关系长久不变政策落地的基础上，加大土地承包经营权永久性退出、宅基地使用权有偿退出等探索力度，大力发展农村土地金融，推进土地资本化。

二是提升劳动力职业化、组织化水平。重点推进"三个一批"，即将一批有接受培训意愿、有文化基础的农民培育成新型职业农民；将一部分没有培训意愿、文化素质不高的农民，通过组织化、产业化生产变成产业工人；结合农村一二三产业融合引进一批高素质、高技能人才。

三是消除对工商资本下乡的歧视性政策。资本深化是我国农业现代化绕不开的道路，没有资本要素参与改造传统农业，农业就会变得如舒尔茨所言——"一潭死水，毫无生机"。对目前工商资本下乡现象不能妖魔化，要在落实好"三个不得"的前提下，尽可能减少和降低对工商资本下乡租赁农地期限、面积等控制条件，赋予工商资本进入和退出农业的自由选择权，重点要"强监管、防风险、抓服务"，加强租赁农地事中事后监管，加大"非农化"的惩处力度，探索建立土地流转风险保障金、流转纠纷解决机制等，健全工商资本下乡服务体系，使工商资本"进得来、有发展"。

附件：农业要素配置效率测算方法

配置效率可通过全要素生产率增长（ΔTFP）表达式推算，全要素生产率定义为实际产出（y）与要素投入的比值，如（1）式所示：

$$\text{TFP} = \frac{y}{\text{Input}(x,t)} \tag{1}$$

（1）式中，y_{it}为既定产出变量，为给定的农业产值或最大产值；x_{it}为投入要素向量；假设 $\text{Input}(x,t) = \prod_{j=1}^{n} x_j^{s_j}$，$x_j$为第$j$种投入要素，$s_j$为要素$j$的成本份额，要素$x_j$的价格为$p_j$，则 $s_j = \dfrac{p_j \times s_j}{\sum\limits_{j=1}^{n} p_j \times s_j}$。那么有：

$$\Delta\text{TFP} = \dot{\text{TFP}} = \frac{\text{dln}TFP}{\text{d}t} = \frac{\text{d ln}\left(\dfrac{y}{\text{Input}(x,t)}\right)}{\text{d}t} = \frac{\text{d ln}\left(\dfrac{y}{\prod\limits_{j=1}^{n} x_j^{s_j}}\right)}{\text{d}t} \tag{2}$$

$$= \frac{\text{d ln}\,y}{\text{d}t} - \frac{\text{d ln}\prod\limits_{j=1}^{n} x_j^{s_j}}{\text{d}t} = \frac{\text{d ln}\,y}{\text{d}t} - \sum_{j=1}^{n}\left(s_j \times \frac{\text{d ln}\,x}{\text{d}t}\right)$$

假定实际产出y是投入要素x与时间t的函数，其表达式如（3）式所示：

$$y = f(x(t),t) \times \exp(-\mu) \tag{3}$$

那么，（3）式中右边第一项可转换如（4）式所示：

$$\frac{\mathrm{d}\ln y}{\mathrm{d}t} = \frac{\mathrm{d}\ln f(x(t),t)}{\mathrm{d}t}$$
$$= \frac{\mathrm{d}\ln f(x(t),t)}{\mathrm{d}x(t)} \times \frac{\mathrm{d}x(t)}{\mathrm{d}t} + \frac{\mathrm{d}\ln f(x(t),t)}{\mathrm{d}t} - \frac{\mathrm{d}\mu}{\mathrm{d}t} \tag{4}$$

（4）式中，$\dfrac{\mathrm{d}\ln f(x(t),t)}{\mathrm{d}x(t)}$ 是各生产要素的产出弹性，可用 ε_j 表征；$\dfrac{\mathrm{d}x(t)}{\mathrm{d}t}$ 为各投入要素增长，即 $\dot{x}$；$\dfrac{\mathrm{d}\ln f(x(t),t)}{\mathrm{d}t}$ 为技术变化，即 $\Delta\mathrm{T}$，体现技术进步对全要素生产率增长的作用；$-\dfrac{\mathrm{d}\mu}{\mathrm{d}t}$ 为技术效率变化，即 $\Delta\mathrm{TE}$。$\Delta\mathrm{TE}$ 是技术效率对时间 t 的导数，如（5）式所示。（5）式中，$f(x,\beta)\cdot\exp(\nu)$ 与 $f(x,\beta)\cdot\exp(\nu-\mu)$ 分别为前沿生产量与一般生产量。

$$\Delta\mathrm{TE} = \frac{\mathrm{d}\ln TE}{\mathrm{d}t} = \frac{\mathrm{d}\ln\left\{\dfrac{f(x,\beta)\cdot\exp(\nu-\mu)}{f(x,\beta)\cdot\exp(\nu)}\right\}}{\mathrm{d}t} = \frac{\mathrm{d}\ln\exp(-\mu)}{\mathrm{d}t} = -\frac{\mathrm{d}\mu}{\mathrm{d}t} \tag{5}$$

根据式（2）、式（4）与式（5），$\Delta\mathrm{TFP}$ 可表达为式（6）：

$$\Delta\mathrm{TFP} = \Delta T + \Delta TE + (\varepsilon-1)\times\sum_{j=1}^{n}\left(\frac{\varepsilon_j}{\varepsilon}\times\dot{x}\right) + \sum_{j=1}^{n}\left[\left(\frac{\varepsilon_j}{\varepsilon}-s_j\right)\times\dot{x}\right] \tag{6}$$

（6）式中，$\varepsilon = \sum_{j=1}^{n}\varepsilon_j$。（6）式是全要素生产率增长的分解式，式子第一项为技术变化，第二项为技术效率变化，第三项为规模效率变化，若规模效率变化大于 0，则表示全要素投入与规模报酬相适应，即规模效率变化能促进全要素生产率增长；第四项为要素配置效率（AE），反映要素弹性份额偏离要素成本份额的程度，若配置效率大于 0，说明此项能促进 TFP 增长；反之，则阻碍 TFP 增长。

根据（6）式配置效率组成形式看，配置效率亦可看作多个要素配置效率之和。假定（6）式中投入要素仅三种，分别为 x_1、x_2、x_3，配置效率 AE 可用（7）式表达：

$$\text{AE} = \left(\frac{\varepsilon_1}{\varepsilon} - s_1\right) \times \dot{x}_1 + \left(\frac{\varepsilon_2}{\varepsilon} - s_2\right) \times \dot{x}_2 + \left(\frac{\varepsilon_3}{\varepsilon} - s_3\right) \times \dot{x}_3 \tag{7}$$

为区别单独某个要素配置效率与所有要素总体配置效率，我们将 AE 称作要素配置总效率，将 $\left(\frac{\varepsilon_1}{\varepsilon} - s_1\right) \times \dot{x}_1$ 称作 x_1 的配置效率。对某个要素而言，当要素弹性份额偏离成本份额的方向与要素投入变化率方向一致，即要素配置效率大于 0 时，该要素配置方式能促进 *TFP* 增长；当要素弹性份额偏离成本份额的方向与要素投入变化率方向不一致时，要素配置方式会阻碍 TFP 增长。

我们选择超越对数生产函数来测算要素配置效率，函数形式如（8）式所示：

$$\ln Y_{it} = \varphi + \sum_{j=1}^{n} \alpha_j \ln X_{jit} + \sum_{j=1}^{n} \beta_j (\ln X_{jit})^2 + \sum_{j=1}^{n}\sum_{k \neq j}^{n} \beta_{jk} \ln X_{jit} \ln X_{kit} + \mu_i + \nu_t + \theta_{it} \tag{8}$$

（8）式中，Y_{it} 表示第 i 个省级地区 t 年的农业产出；$\ln X_{jit}$ 与 $\ln X_{kit}$ 分别表示第 i 个省级地区 t 年第 j 种与第 k 种要素投入；μ_i 是地区个体固定效应，用于控制地区不随时间变化的特征；ν_t 是时间固定效应，用于控制随着时间变化的特征，比如技术进步、外部政策影响等；θ_{it} 为误差项。α_j、β_j 与 β_{jk} 为估计参数，φ 为常数项。

采用的数据来自 1978～2014 年全国省际面板数据。考虑到区划调整变化，所有数据均不包括西藏，同时将海南纳入广东，将重庆纳入四川。因变量为各省农业产值，自变量分别为农作物播种面积、农林牧渔业从业人员数和农业资本存量。根据相关文献，分 1978～1984 年、1985～1991 年、1992～1996 年、1997～2002 年、2003～2007 年、2008～2011 年和 2011～2014 年七个阶段进行估算，结果如附表 1 所示。

模型（1）考察了 1978～2014 年要素投入与农业产出之间的关系，其中，$\ln S$ 的估计系数显著为正，但 $\ln S \times \ln S$ 的估计系数显著为负，表明土地要素对农业产出作用呈倒"U"形特征；$\ln K$ 的估计系数不显著，但平方项显著大于 0，表明资本要素对农业产出具有较强作用；劳动力要素以及各种交互项在模型（1）中不显著；R^2 为 0.92，模型（1）具有很强的拟合性。值得关注的是，在模型（2）至模型（7）中，$\ln K$、$\ln L$ 对农业产出的作用亦出现过"U"形或倒"U"形效应，另外 $\ln S$、$\ln K$、$\ln L$ 两两之间交互项的符号时常出现正负交替，这种现象反映出要素投入对农业产出具有"最优组合投入"效应特征，以资本要素为例，并不是投入量越多越好，而是在特定情境下有一个合适的投入区间，同时要兼顾与其他要素的配比关系。

根据（6）式，配置效率测算可划分为三步。第一步，测算要素生产弹性及其份额。根据附表 1 估计结果，采用分时间段方式逐一测算出生产弹性以及生产弹性占总弹性的份额，即 ε_j 与 $\dfrac{\varepsilon_j}{\varepsilon}$。第二步，测算各投入要素成本占总成本的份额，即 s_j。成本份额测算还需要各投入要素价格，相关要素价格指标选取如下：①劳动力价格，以农村居民家庭人均工资性纯收入代表劳动力价格，家庭人均工资性纯收入是农民务农的机会成本，反映了劳动力成本；②土地价格，以前三年单位面积农业产值平均值衡量，反映了土地流转的机会成本；③资本价格，以 5 年期金融机构人民币贷款官方基准利率的 3 倍作为资本价格。第三步，按照（6）式计算出要素弹性份额与成本份额的差值，差值与要素投入的增长即 $\dot{x}_j$ 的乘积为各要素配置效率，各要素配置效率之和即为农业要素配置总效率。

附表 1　农业生产函数估计

项目	模型(1)	模型(2)	模型(3)	模型(4)	模型(5)	模型(6)	模型(7)
$\ln S$	3.3168**	8.2840***	-16.0044***	-28.4626**	6.8189**	-4.6319***	19.9978***
	(2.28)	(3.47)	(-3.19)	(-2.26)	(2.25)	(-7.10)	(6.07)
$\ln K$	0.2247	-0.6034	0.6422	-3.9166***	2.1149***	1.1166*	-2.5994***
	(0.90)	(-1.01)	(0.53)	(-3.55)	(11.79)	(1.81)	(-8.15)
$\ln L$	-0.0235	-5.2066*	-0.2360	24.5524*	-6.3875**	4.8106***	-11.9617***
	(-0.02)	(-1.89)	(-0.09)	(2.69)	(-2.56)	(6.02)	(-3.67)
$\ln S \times \ln S$	-0.1509**	-0.4144***	1.0131***	1.3510**	-0.2813*	0.2400***	-1.0553***
	(-2.04)	(-4.03)	(3.23)	(2.16)	(-1.90)	(5.15)	(-6.15)
$\ln K \times \ln K$	0.0306***	-0.0489***	-0.0806***	0.1320***	-0.0337**	0.0288*	-0.0779***
	(3.43)	(-4.13)	(-3.12)	(4.60)	(-2.42)	(1.88)	(-4.78)
$\ln L \times \ln L$	0.0646	-0.0582	-0.1969*	1.0318***	-0.2077**	0.1946***	-0.4965***
	(0.96)	(-0.46)	(-1.85)	(2.67)	(-2.28)	(4.04)	(-3.34)
$\ln S \times \ln K$	-0.0257	0.1757***	0.0046	0.2183*	-0.1455***	-0.1119**	0.3652***
	(-1.12)	(3.14)	(0.03)	(2.59)	(-8.14)	(-2.31)	(21.00)
$\ln S \times \ln L$	0.0330	0.6130**	-0.1748	-2.1466**	0.5359**	-0.5193***	1.1943***
	(0.29)	(2.64)	(-0.82)	(-2.65)	(2.20)	(-6.18)	(3.90)

续表

项目		模型（1）	模型（2）	模型（3）	模型（4）	模型（5）	模型（6）	模型（7）
$\ln K \times \ln L$		0.0320	0.0215	0.0556	-0.4414***	0.2586***	0.1211	-0.1923***
		(1.42)	(0.46)	(0.38)	(-4.41)	(16.51)	(2.01)	(-6.80)
常数项		-12.2115	-38.8599***	62.5929***	0.0001	-37.0712**	0.0000	-92.3846***
		(-1.59)	(-2.71)	(2.91)	(0.02)	(-2.40)	(0.00)	(-5.60)
年份跨度		1978~2014	1978~1984	1985~1991	1992~1996	1997~2002	2003~2007	2008~2014
地区固定效应		Yes	Yes	Yes	Yes	Yes	Yes	Yes
年份固定效应		Yes	Yes	Yes	Yes	Yes	Yes	Yes
样本量		1036	196	196	140	168	140	196
R^2		0.9166	0.7979	0.5231	0.6748	0.2647	0.9013	0.8812
F		7643.0213	1428.4088	100.2421	250.6977	321.3226	899.2155	14943.0686

注："*""**""***"分别表示10%、5%、1%的显著水平。

第六章

产权改革：城乡融合发展绕不开的议题

我们仍处在城乡要素大规模流动阶段，深化农村产权制度改革，不仅是农村改革的攻坚任务，也是城乡融合的重要举措，已成为牵动城乡两个地理空间和工农产业现代化的关键性议题，对提升城镇化发展质量、促进乡村振兴都至关重要。

我国正处于城镇化快速发展阶段，城乡人口和要素流动性增强，并呈现从孤立、分散向汇聚、融合转变态势。然而，受农村产权制度改革滞后影响，农村资产权益缺乏有效退出通道，农业人口转移与农村土地、集体经营性资产等相关权益的流转不同步，造成农业转移人口难以在城镇落户，城镇建设用地需求得不到有效满足，大量农村"沉睡资产"无法资本化，不仅影响农业农村现代化，也制约了新型城镇化发展。本章从城乡空间联动的视角，探讨影响新型城镇化的"农村因素"，分析农村产权制度改革对城镇化的综合影响。

一　农村产权制度改革对城镇的溢出效应

在城乡人口大规模流动的背景下，农村产权制度改革的影响对城镇具有明显外溢效应，特别是在城镇化转向高质量发展阶段，这一影响无疑十分重要。

（一）理顺"人地钱"关系逻辑

统筹处理好"人往哪里去、地从哪里来、钱从哪里出"的问题，既是推进新型城镇化必须解决的关键问题，也是有别于传统城镇化的重要特征。这里所说的传统城镇化，是指"重地轻人"的城镇化，在这种模式下，大量农村土地被征用变成城市建设用地，城市"摊大饼"式扩张，而进城农民工及其随迁家属在教育、就业、住房、社会保障等方面却难以享受市民待遇，"土地城镇化"快于人口城镇化。推进新型城镇化，核心是人不是地，一个重要的指标是户籍城镇化率是否有效提高。2013 年，我国常住人口城镇化率与户籍人口城镇化率相差 17.7 个百分点，这意味着有几亿的农业转移人口虽然被统计为城镇人口，但并没有真正在城镇落户。到 2018 年，常住人口城镇化率与户籍人口城镇化率仍相差 16.2 个百分点，到 2020 年"两率"缩差至 15 个百分点，任务依然较重。

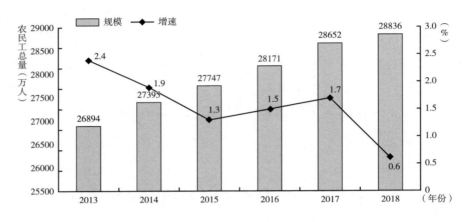

图 6 - 1　农民工总量及增速

资料来源：《2018 年农民工监测调查报告》。

当前，我国户籍人口城镇化率提高不快，特别是跨省区农业转移人口落户进展缓慢，关键原因是尚未形成"人地钱"有效运转的逻辑，城市吸纳外来人口落户的积极性不高。为了加快农业转移人口市民化，相关部门已出台"人地挂钩""人钱挂钩"政策①，但政策含金量和精准性有待加强，而且仍只是解决地方政府激励和提高要素配置效率的过渡性政策，政府主导配置资源的作用尽管不能低估，但也不应被过高估计。

大量农村人口进城落户，城镇基础设施建设、公共服务供给总量会不断增长，客观上形成更多的新增土地和资金需求，城市

---

① 财政政策、城镇建设用地增加规模与吸纳农业转移人口落户数量挂钩，中央预算由投资安排向吸纳农业转移人口落户数量较多的城镇倾斜。

公共资源日趋紧张；同时，由于农村资产权益退出渠道不畅，大量土地资源无法有效盘活，客观上造成一边越来越紧张一边又大量闲置的扭曲格局。真正理顺新型城镇化"人地钱"关系，需发挥政府和市场"两只手"的作用，站在城乡资源要素高效配置角度，通过深化农村产权制度改革，促进农业转移人口与农村土地和集体资产有效分离，依靠土地和资产资本化，打通城乡要素流动通道，消除进城农民落户后顾之忧，为城镇新增建设用地和财力增长开辟新渠道，使劳动力、土地、资本等真正实现自由流动和高效配置。

（二）提高户籍城镇化率

提高户籍城镇化率，调动"两个积极性"很关键，即外来人口较多的城市吸纳农民工落户的积极性以及农民工落户城镇的积极性。针对前者，随着户籍制度改革深化、现有激励政策进一步健全，特别是人口流动出现新趋势的条件下，不愿吸纳农民工落户的问题已经有了很大程度改善。相反，农民工进城落户积极性下降，成为影响户籍人口城镇化率提升的重要问题。据2016年中国社科院"中西部农民向城镇转移意愿分布"调查结果显示，"很想"占11.83%，"比较想"占21.73%，"一般"占17.45%，"不太想"占24.82%，"完全不想"占24.13%，约50%农民工不想进城。另外，66.1%的农民工认为到了一定年龄会选择回乡。

城市拥有更好的居住环境、更多的就业机会，农民工不愿进城落户，到底是现象，还是本质？农民工是否落户城镇是理性选择的结果，对不同年龄层次、不同经济条件、不同就业状态的农业转移人口而言，影响因素各不相同。但农村产权制度改革滞后，土地和资产权益不稳固且缺乏有效退出渠道，农民落户城镇只能无偿或低回报放弃

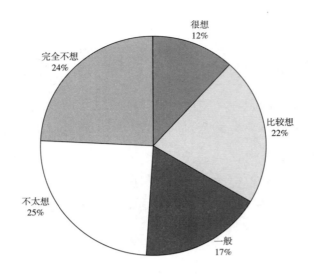

图 6 – 2　中西部农民向城镇转移意愿分布

资料来源：中国社科院"中西部农民向城镇转移意愿分布"调查。

农村产权，权利得不到保留存在顾虑，无疑是众多不同因素中的共同因素。2013 年，半月谈社情民意调查中心对 27 个省 1120 户村民的调查显示，对于"愿意以何种方式落户"这一问题，选择"无条件落户，土地承包权、宅基地使用权、林地经营权、集体收益分配权均保持不变"的占受访者的四成以上。

按照人口流动"推拉理论"，流入地有利于改善生活条件的因素成为人口流动的拉力，流出地不利的生活条件就是推力。尽管此理论高度抽象且并没有得到广泛认同，但不可否认的是，农村劳动力转移以及落户城镇的选择，无疑受到城镇和乡村两个方面的影响。如果农村产权制度改革不能有效破题，只是降低落户门槛，打开城镇大门，而不是发挥"推拉"两方面的作用力，很可能导致户籍制度改革作用被弱化，农民工"半城镇化"问题无法根本解决，已设定的户籍人口城镇化目标难以实现。

（三）增强中小城镇集聚能力

我国城镇化具有一个明显的时空特点，就是大量农业转移人口呈现直接进入大中城市的"跳跃式"转移模式。由于公共资源按城市等级配置，县城和小城镇可获得的资源较少，综合承载功能不足，集聚经济和人口能力不强，农村人口不是在空间上梯次转移，而是直接选择到大中城市就业居住，不仅导致大城市资源紧张，而且带来小城市和小城镇发展后劲不足。

2018 年，我国农民工总量达到 2.88 万人，其中新生代农民工占比过半，1980 年及之后出生的新生代农民工成为主体。农民工群体代际变化，让"进城"还是"返乡"不再是艰难的选择题，对多数新生代农民工而言，留城成为不可逆转的趋势。新生代农民工不少出了校门就进了厂门，大多没有从事农业生产的技能，不少甚至从未干过农活，他们追求更加体面的劳动和个人幸福，有着更加强烈的融入城市的愿望。

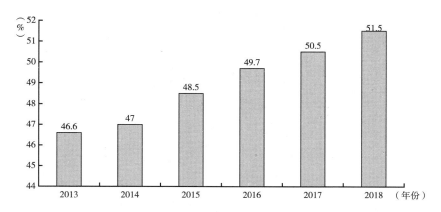

图 6-3 新生代农民工占农民工总量的比重

资料来源：《2018 年农民工监测调查报告》。

无论对大城市承载力还是农民工落户能力而言，大规模的新生代农民工落户，不可能主要依靠大城市。事实上，城市日益高涨的房价、不稳定的就业、高考政策限制等隐性门槛，也限制了新生代农民工的落户。同时，由于县城和小城镇提供的福利与农村相比差距小，农民很难为进一个不愿意进的城镇而放弃农村将来可能的好处，由此造成"大城市落不下、中小城镇不愿落"。推动农村产权制度改革，促进城乡要素自由流动和平等交换，有利于中小城市和小城镇集聚资源要素，做大特色产业，带动农业现代化和农民就近城镇化。

二 农村产权制度改革与户籍人口城镇化

深化农村产权制度改革不仅影响农业转移人口落户城镇的意愿和能力，也影响人口市民化成本分担和城镇化建设用地有效供给，从"人地钱"三方面形成综合影响。

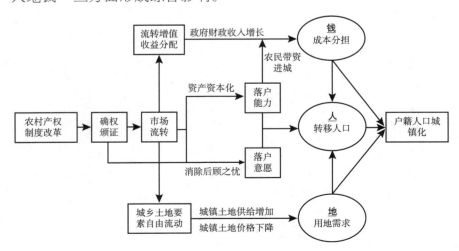

图 6 - 4　农村产权制度改革对户籍人口城镇化的影响

（一）影响农业转移人口城镇落户意愿和能力

农村集体资产对农民具有社会保障和财产双重功能，是集体经济组织为其成员提供公共物品和服务的重要物质基础。农村产权制度改革的具体走向，对农业转移人口及家庭向城镇迁移的意愿和能力具有重要影响。

从落户意愿看，对部分已长期在城镇居住生活并且有稳定就业的农民工家庭而言，他们已具备一定在城镇定居的能力，不愿意或暂时不愿意落户城镇的重要障碍不是城镇落户门槛高，而是存在农村土地以及集体经济收益升值的强烈预期，导致其不愿意放弃农村户口。对部分农业转移人口特别是大城市农民工而言，很难享受到与城镇居民平等的公共服务和社会权益，进城落户门槛高，缺乏城市生活安全感，农村土地和集体资产是一份安身立命的保障。以农民工随迁子女义务教育为例，本地升学难、在本地不能参加高考等依然是面临的突出问题。对于这部分农民工而言，在农村保留土地至关重要，它事实上提供了一条退路。

目前，我国农村产权制度改革滞后，农村土地和集体资产权利尚不稳固，进城落户农民农村合法权益缺乏有效保障形式，部分地方以退出土地承包经营权、宅基地使用权、集体收益分配权作为进城落户和享受城镇公共服务的条件，违背农民意愿搞"土地换社保、土地换住房"，强迫农民退出土地权利，导致农民害怕落户后丧失集体资产权利，进城"后顾之忧"难除。四川省统计局的调查显示，如果转为城镇户口，59.3%的进城务工人员希望家中土地维持现状不变或有偿流转，57.4%的进城务工人员希望农村住房维持现状。

从落户能力看，通过市场化手段将农民在农村占有和支配的各种资源转变为资产，并将这种资产资本化，让农民带资进城，可以增强落户城镇的能力。据我们测算，如果全国30%的农村空置闲置和低效用地能通过"地票"方式盘活，就能产生3.6万亿元的

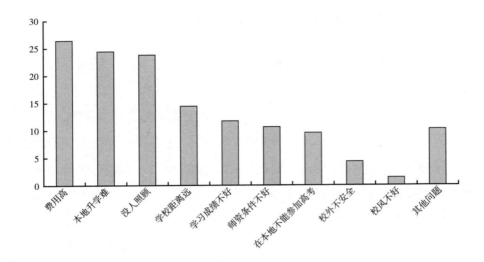

图 6-5 义务教育阶段随迁儿童上学面临的主要问题

资料来源:《2017 年农民工监测调查报告》。

农民"地票"收益,农民人均可一次性增收 5000 多元;如果 50%的集体经营性建设用地能顺利入市,就能带来 1.4 万亿元收益,农民人均可一次性增收 2000 多元。随着我国新生中小城市的发展、新老农民工代际更替的完成,以及农村产权制度的进一步理顺,农业转移人口的预期更加明确和稳定,产权交易带来的经济价值以及由此增强的进城能力,将成为影响农业转移人口落户的关键。

表 6-1 我国农村土地制度改革的增收带动作用测算

单位:元

情境	内容	一次性增收
乐观情景	50%的空置闲置和低效用地盘活	8902.1
	80%的集体经营性建设用地直接入市	3240.4
次乐观情景	30%的空置闲置和低效用地盘活	5341.2
	50%的集体经营性建设用地直接入市	2077.2

（二）影响农业转移人口市民化成本分担

构建农业转移人口市民化成本分担机制，是推进新型城镇化的焦点问题，也是难点问题。长期以来，二元户籍制度条件下形成的城乡福利差距十分巨大，要让农业转移人口平等享受城镇居民福利，特别是大量农业人口进城落户，地方政府需花费巨资填补欠账。据马晓河等测算，实现 1 亿人落户目标从 2017 年到 2020 年，东部地区需要承担的市民化公共成本为 29950 亿元，占市民化总成本的 77%；中央财政支出部分约为 7785 亿元，其中医疗保险、养老保险、住房保障支出金额最高。[①]

表 6 - 2　政府、企业和个人成本分担

政府	承担农民工市民化在义务教育、劳动就业、基本养老、基本医疗卫生、保障性住房以及市政设施等方面的公共成本
企业	落实农民工与城镇职工同工同酬制度，加大职工技能培训投入，依法为农民工缴纳职工养老、医疗、工伤、失业、生育等社会保险费用
个人	积极参加城镇社会保险、职业教育和技能培训等，按规定承担相关费用，提升融入城市社会的能力

缓解农业转移人口市民化的巨大资金支出压力，需完善"人钱挂钩"等配套政策，从农村产权制度改革中拓展渠道。具体看，深化农村产权制度改革，可以增强地方财政收入和提高农民工成本分担能力。一方面，通过农村产权交易流转，政府可参与集体资产增值收益分配或征收相关税收。同时，城市土地价格下降带来住房成本支出的下降，使更多的进城农业转移人口能买得起房、住得下来，这样不

[①]　马晓河、胡拥军：《一亿农业转移人口市民化的难题研究》，《农业经济问题》2018 年第 4 期。

仅可带来城市消费的增长，也可让政府大幅度节省保障性住房开支。① 另一方面，未来一段时期内，农业转移人口进城可能还需分担部分本不应分担的落户成本，通过深化产权制度改革，激活农村土地和资产财富潜力，盘活"沉睡资产"，一定程度上可以增强农民"带资进城"能力。

（三）影响城乡土地资源优化配置

大量农业转移人口落户城镇，住房、教育、医疗等民生项目和城镇基础设施、产业发展用地需求必然增长，解决好"地"从哪里来的问题，也是推进户籍人口城镇化的重要任务。满足城镇人口增长带来的建设用地需求，既要挖掘城市存量建设用地潜力，提高土地利用效率，也要打通农村集体建设用地转化通道，增加城镇土地供给。据统计，2014 年我国城镇低效用地占到 40% 以上，农村空闲住宅达 10%~15%。处于低效利用状态的城镇工矿建设用地约为 5000 平方公里，占全国城市建成区的 11%。② 为解决城镇建设用地需求，提高地方政府吸纳农业转移人口落户的积极性，相关部门已出台"人地挂钩"政策，建立城镇建设用地增加规模同吸纳农业转移人口落户数量挂钩机制，但依靠政府配置土地指标的模式还无法从根本上解决人地流动"不同步"问题。需要从农村土地制度改革出发，进一步放活农村土地要素，形成城乡统一的建设用地市场，依靠市场手段来配置土地资源。深化农村土地制度改革，有利于增加城镇土地供给量，降低农业转移人口在城镇落户的成本。

---

① 陶然：《经济改革的突破口是土地制度改革》，《21 世纪经济报道》2012 年 8 月 2 日。
② 《中国土地资源粗放利用现状未变　城镇低效用地占四成》，中国新闻网，2014 年 6 月 19 日。

三　农村产权制度需要破除的主要障碍

我国农村产权制度改革已经取得积极进展，但产权制度的缺陷和问题依然突出，对进城落户农民在农村的权益保障不充分，尚难以适应户籍人口城镇化的要求。

（一）集体产权不清晰、权能不完整

产权明晰是资产实现资本化的前提，任何资产只有包含完整确定的权利，才能通过流转实现资产价值和收益。目前，我国农村产权主要存在以下两方面问题。

一方面，农村集体产权归属不清晰，产权主体性不明确。农民尚未拥有明晰的资产控制权，无法清楚了解自己拥有的和他人不能侵犯的产权边界。例如，尽管目前我国农村土地所有权归属在形式上是明确的，但农民集体的法律地位不明确，集体经济组织成员资格认定模糊，集体所有的权力范围、行使方式、保护手段等没有清晰界定，作为所有者的集体经济组织事实上是缺位的，导致代替和侵犯所有权现象突出。

另一方面，集体产权权能不完整。农民占有、使用、支配、转让和继承等权利不完备，影响集体产权的可交易性，进而导致资产性价值无法兑现。以宅基地为例，农村宅基地使用主体和交易存在诸多限制，农民缺乏完整的收益权和自由处分权，导致市场机制难以发挥作用，无法通过市场形成合理价格，事实上限制了土地从生存保障功能向致富资本功能的转变。土地等集体产权权能残缺，无偿取得与无偿退出造成持有成本很低，而市场无法形成价格又造成农业转移人口对农村产权价值存在一定程度上的"不合理期待"，进而导致农民不愿也不会放弃农村权利。同时，集体产权缺乏市场化退出渠道，以及被

不合理定价（征地或私下流转），影响真正有意愿落户人口"带资进城"落户能力。

（二）产权交易市场建设滞后

农村集体产权必须进入市场，通过使用权及衍生的他项权力交易，为所有者带来预期收益，资产才能转化为资本。如果没有健全的产权交易市场，各种财产权利就很难自由交易，资产资本化也难以实现或实现成本过高。长期以来，基于土地和集体资产对农民生产、生活和就业的重要意义，我国对农村产权交易进行了非常严格的限制，农村产权交易市场发育滞后。近年来，国家对农村土地的管制政策不断松绑、农村产权市场体系逐步发育，但农村产权交易市场仍存在诸多问题，具体包括以下几方面。

一是法律障碍。农村承包地经营权、住房财产权抵押虽已在部分地区开始试点，但相关法律仍对此存在较多限制。如，我国《土地管理法》《担保法》等规定耕地承包权相关土地权益及其附着物不能设立抵押权，宅基地抵押也被禁止，土地产权抵押等仍处于"风险地带"，缺乏法律保护，存在法律风险。二是产权障碍。由于相关权利界定尚不明晰，确权颁证尚未完成，农村集体产权股份化改革还刚刚起步，为市场交易带来困难，也埋下一些隐患。三是二级市场尚未建立。农村产权二次流转是化解风险的一种方式，但在实践中，这种二次流转尚未建立很好的机制，二级市场建设相对滞后，影响农村产权交易风险分摊。

（三）增值收益分配机制不健全

增值收益分配是农村产权流转的核心，只有建立合理的利益分配机制，才能保证市场交易有序开展。目前，政府垄断土地一级市场，大多数农村集体所有土地需通过国家征用转为国有后才能进入市场，农民只能获得较低的土地补偿，大部分土地增值收益流入各级政府和开发商手中，并成为土地财政的重要来源。据世界银行估算，1990～2010年，地方政府征用农村土地比市场价格低2万亿元。另据何安华、孔祥智测算，[①] 地价"剪刀差"从2002年的671.82亿元上升至2012年的5024.13亿元，11年累计达到28543.24亿元，是同时期被征地农民获得征地补偿款的2.43倍，被征地农民只获得其土地财产权益的29.17%。近年来，部分地区通过"地票"交易、"两分两换"、政府资金补偿等方式，探索农村产权退出的补偿形式，在土地增值收益分配机制建设方面进行了积极探索，但总体而言，合理的增值收益分配办法和制度安排尚未形成。

四　盘活农村"三资"、激活农民"三权"

加快推进新型城镇化，需要深化农村产权制度改革，盘活农村"三资"（资源、资产、资金），激活农民"三权"（农民土地承包权、住房财产权、集体收益分配权），主要方向是巩固集体所有权，充实用益物权，构建"市场化退出＋资本化运营机制"，逐步赋予农民对农村集体产权的自由处分权与收益权，并通过市场化途径实现资源、资产的资本化。

（一）明晰农村集体资产产权归属

针对农村集体资产所有权主体虚化、集体成员权利模糊等问题，

---

① 何安华、孔祥智：《中国城镇化进程中的低价"剪刀差"成因及测算（2002～2012年）》，《河北学刊》2015年第1期。

在尽快完成集体资产清产核资的基础上，加快推进农村集体资产确权，明确农村集体经济组织代表集体行使所有权的地位，明晰集体所有产权关系。加快集体经济组织成员权认定，可统筹考虑户籍关系、农村土地承包关系、对集体积累的贡献等，采取复合标准进行分类。积极探索建立集体经济组织成员进入和退出机制，进行动态有序管理。加快推进集体经营性资产股份合作制改革，不仅要赋予农民对集体资产股份的占有权、收益权，还要加快探索集体资产股份有偿退出、抵押、担保等，切实盘活集体资产，建议在部分地区开展扩大集体资产股份有偿退出范围试点，长期应逐步实现市场化流转。

（二）探索建立集体资源资产有偿使用制度

在充分尊重农民意愿的前提下，探索推进集体资源资产使用者付费制度，即有偿使用或获得，采取新老划断的办法，农村新增人口取得集体资源资产一律采用市场化交易方式。建议以农村宅基地制度改革为核心，推进农村集体土地使用权由福利性无偿划拨转为有偿使用，增加土地保有环节的留置成本。在农村社会保障制度尚不完善的条件下，为保障农民的居住权，减少改革阻力，近期农村宅基地的取得应局限于村集体经济组织内的农民，远期应考虑扩大到村集体经济组织以外的人员（包括城镇居民）。对农民已合法取得并符合标准的宅基地可继续无偿使用，对新申请的宅基地按照地理位置、村庄规划、交通状况等收取不同标准的使用费。

（三）健全农村集体产权有序流转交易机制

一是推进农村产权有序流转交易。建立健全农村产权流转交易市场，在完善承包地"三权分置"办法，稳定发展农民承包土地经营权、集体林权、"四荒"使用权、农村集体经营性资产出租等流转交易的同时，应逐步放开流转主体限制，加快探索农村宅基地使用权市场化流转交易的有效办法。二是扶持发展农村集体资产评估机构或支持现有评估机构发展农村集体资产评估业务，完善集体资产定价机制。积极发展农村产权抵押融资评估、担保、会计服务、法律咨询等中介服务，大力扶持土地信托、"土地银行"等公益性农村产权中介组织。三是完善农村产权交易风险防范机制。尽快修订完善《农村土地承包法》《物权法》《担保法》等相关法律法规，加快农村产权二级交易市场建设，完善农村土地金融组织体系。短期以农村信用合作社为主开展农村土地金融业务试点，条件成熟后探索建立土地抵押合作社，远期建立专门的土地银行，并配套建立农业信托机构等。

（四）健全农村产权流转增值收益分配机制

切实维护进城落户农民的土地承包权、宅基地使用权、集体收益分配权，加快健全农村集体产权流转增值收益分配机制。当前，应围绕农村集体建设用地流转收益分配这一难点，加快建立兼顾国家、集体、个人利益的增值收益分配机制。按照产权关系，村集体经济组织作为农村建设用地所有权主体，应分享大部分建设用地流转增值收益。政府不是流转交易主体，不应直接参与集体建设用地流转收益分配，但可通过土地增值税、土地使用税、契税等间接参与流转收益的再分配。考虑农村集体建设用地的特殊性，土地流转收益在集体经济组织内部分配，建议采取"主辅分配"方式，即宅基地以外的集体建设用地流转增值收益按照"所有权优先、使用权为辅"的原则进行分配，农村宅基地流转增值收益按"使用权优先、所有权为辅"的原则进行分配。

第七章
宅基地制度：农村土地制度改革深水区

在农村"三块地"中，宅基地十分特殊，其制度改革也最为复杂和敏感。我国现行宅基地使用权制度通过抑制农民财产权保证了基本的居住型福利公平，但"共有私用"和保留排他性限制可让渡性的制度安排，已经难以满足形势发展要求，不利于缩小城乡差距和城镇化的健康发展。农村宅基地制度改革，一定程度上成为检视农村改革进展的重要标志。

纵观新中国成立以来我国经济社会的若干次大发展，无不与农村土地制度改革关系密切。60 年前"耕者有其田"的土地制度改革，迅速稳定了新生人民政权，为国民经济的恢复性发展奠定了基础；40 年前的农村土地家庭承包责任制，拉开了全国改革开放的大幕，促进了整个经济社会的跨越发展。当前我国农村土地制度再次迫近发生重要改革的关口，成为农村发展突围、城镇发展提质和缩小城乡差距的寄托所在。长期以来，一定程度上我们以牺牲农民的土地财产权利为代价来降低工业化和城镇化成本，损害了农民的发展权利，造成城乡发展差距拉大，在当前农村耕地制度短期无法改变的情况下，农村宅基地作为非农建设用地的重要组成部分，成为农村土地制度改革可以突破也必须突破的重要方向。

所谓农村宅基地[①]，是指农民依法取得的用于建造住宅及其生活附属设施的集体建设用地。我国现行的农村宅基地制度保障了农民"住有所居"，赋予了农民基本而重要的居住型社会福利，但随着农村人口大规模向城镇迁移、新民居等新型社区的快速发展，现行制度安排已难以适应形势发展要求。如何盘活农村宅基地，促进土地资源集约利用，增强农民土地财产权利，已然成为未来一个时期必须解决的重要问题。宅基地是农民安身立命所在，承担着经济、社会等多重功能，同时也是农村建设用地的主体和农民重要的土地财产权利，宅基地问题的复杂性，使理论界和政府部门对农村宅基地使用权制度是否应改革、如何改革争议颇大。本章重点从效率和公平两个维度，对我国农村宅基地使用权制度效率进行评价，提出完善农村宅基地使用权制度的思路和方向。

---

① 尽管新中国成立以来我国出台了不少关于农村宅基地的法律法规和政策文件，但关于宅基地定义和范围的说明很少。在联合国粮食和农业组织土地词汇手册（中文版）中曾将宅基地定义为"农村集体经济组织为保障农户生活需要而拨给农户建造房屋及小庭院使用的土地，用于建造住房、辅助住房（厨房、仓库、厕所）、庭院、沼气池、畜禽舍、柴草堆放等"，这是目前关于农村宅基地范围比较明确的说明。

一　宅基地使用权制度历史变迁与特征

我国农村宅基地制度的历史调整，有着深刻的政治、经济、社会内涵，与农村生产关系变化和上层建筑领域的变革紧密相关，具有一定的历史合理性。

（一）农村宅基地使用权制度演变

新中国成立以来，我国农村宅基地制度调整与农地经营权制度变迁过程基本类似，但制度安排不同，大体经历了一个从农民私有到农村集体所有、从允许流转到限制流转的过程，宅基地使用权管理从宽松逐步发展到严格控制。

1. 新中国成立初期：宅基地农民私有、自由流转

新中国成立后，为了维护新生政权稳定，兑现革命政治承诺，共产党人在全国范围内推开农村土地改革，按照"耕者有其田"原则平均耕地所有权，按照"居者有其屋"的原则为部分农民分配了住房和宅基地。1950年的《中华人民共和国土地改革法》规定，废除地主阶级封建剥削的土地所有制，实行农民土地所有制，农民对分得的土地和土地上的住宅拥有完整的所有权，政府以户为单位发放土地房产所有证，并允许宅基地的自由买卖和出租。这一时期，农村宅基地归农民私人所有，农民拥有宅基地和房屋的所有权，两权主体合一，宅基地及地上房屋可自由买卖、出租、赠与、典当及继承等。

1953年开始，我国进入社会主义改造时期，农村通过合作化将农民土地所有制逐步改造为集体土地所有制，农民丧失了土地等主要生产资料的私有权，但社会主义改造并没有影响到宅基地农民私人所

有的性质。1956 年通过的《高级农业生产合作社示范章程》规定，入社的农民必须把私有的土地和耕畜、大型农具等主要生产资料转为合作社集体所有，"社员原有的坟地和房屋地基不必入社。社员新修房屋需用的地基和无坟地的社员需用的坟地，由合作社统筹解决"。这一时期尽管我国农村土地所有制关系发生了重大变革，但宅基地私有制并没有改变，重要原因在于合作化是为了通过集体化运动提取农业剩余支持工业发展，没有触及农村居民住房和宅基地等生活资料。

2. 人民公社时期：宅基地两权分离、共有私用

从 1958 年开始，我国进入人民公社时期，实行与乡基层政权相结合的"政社合一"体制，对农民生产和生活的控制进一步加强，宅基地等生活资料也逐步纳入集体所有范畴，这一时期农村宅基地由农民私有制转变为人民公社所有农民使用。1962 年 9 月通过的《农村人民公社条例修正草案》（又称"六十条"）第 21 条规定："生产队范围内的土地，都归生产队所有。生产队所有的土地，包括社员的自留地、自留山、宅基地等等，一律不准出租和买卖。"同时又规定"社员的房屋永远归社员所有，社员有买卖或者租赁房屋的权利"（第 45 条）。至此，农村宅基地所有权与使用权分离，宅基地与住房所有权主体相分离。

1963 年出台的《中共中央关于各地对社员宅基地问题作一些补充规定的通知》第一次明确了农村宅基地所有权和使用权的概念，规定社员宅基地都归生产队集体所有，一律不准出租和买卖，但宅基地使用权"归各户长期使用，长期不变，生产队应保护社员的使用权，不能想收就收，想调剂就调剂"。关于农民宅基地的取得方式，提出"社员需新建房又没有宅基地时，由本户申请，经社员大会讨论同意，由生产队统一规划，帮助解决，社员新建住宅占地无论是否为耕地，一律不收地价"。此外，规定提出社员有买卖或租赁房屋的

权利，房屋出卖后宅基地使用权归新房主，但宅基地所有权仍归生产队。至此"一宅两制、房地分离；无偿取得，长期使用"的宅基地产权制度框架基本确立。

3. 改革开放以来：宅基地使用权从管制到严格限制

1978 年十一届三中全会后，我国推行了以家庭联产承包责任制为核心的农村经济体制改革，但这一改革并没有改变宅基地所有权属于集体、宅基地使用权属于农民的权利分配格局。这一时期，相继出台了一系列关于农村宅基地的法律和指导文件，主要集中在完善宅基地的取得和管理层面。改革开放后，农民对改善住房的需求提高，农村兴起了住房热，随意扩大宅基地，买卖、租赁宅基地等问题比较突出，对此，1982 年国务院发布了《村镇建房用地管理条例》，首次对宅基地面积做出了限制性规定，并明确提出出卖、出租房屋的不得再申请宅基地。同年发布的《宪法》将宅基地集体所有权以宪法的形式正式确立。

随后，我国农村宅基地制度基本沿袭着这一安排。1986 年国家颁布的《土地管理法》（先后有三次修正）和 2007 年颁布的《物权法》均对农村宅基地做了一些规定，但是都没有改变农村宅基地产权归属，即宅基地农村集体所有性质，其中，1986 年《土地管理法》第一次提出"农村居民一户只能拥有一处宅基地"，即"一户一宅"。关于城镇居民在农村获取宅基地问题，也由有代价获取逐步转为禁止。1997 年《中共中央国务院关于进一步加强土地管理切实保护耕地的通知》提出："农村居民建住宅要严格按照所在的省、自治区、直辖市规定的标准，依法取得宅基地。农村居民每户只能有一处不超过标准的宅基地，多出的宅基地，要依法收归集体所有。" 2007 年颁布的《中华人民共和国物权法》首次确立了宅基地使用权的用益物权性质，但规定"农村宅基地只能在村集体内部流转"，限制了宅基地使用权流转的范围。对农村宅基地开发"小产权房"，国家相关部门也先后出台了一系列文件，明确农村土地不得用于商品住宅的开发。

表 7-1　我国农村宅基地使用权制度演变及动因

项目	新中国成立初期	人民公社时期	改革开放以来
制度内容	宅基地属于农民私有，无偿取得，可以自由流转，宅基地受法律保护可以继承	宅基地所有权与使用权分离，一宅两制、房地分离，无偿取得，长期使用，宅基地不能出租和买卖	一户一宅、无偿取得，长期使用、限制流转，房地合一，禁止抵押、严禁开发
调整动因	维护新生政权稳定，兑现革命政治承诺；调动农民积极性	加强对社员的控制；满足工业化建设需要；配合城乡分割体制安排	农村人口流动；宅基地使用和管理出现乱象，小产权房现象增多等
标志性法律法规	1950年《中华人民共和国土地改革法》；1954年《中华人民共和国宪法》	1962年《农村人民公社工作条例修正草案》；1963年《中共中央关于各地对社员宅基地问题作一些补充规定的通知》	1982年《村镇建房用地管理条例》；1982年《宪法》；《中华人民共和国土地管理法》及历次修订稿；2004年《国务院关于深化改革严格土地管理的决定》

（二）现行农村宅基地使用权制度内容与特征

经过上述多次调整，我国农村宅基地制度已经趋于稳定，其基本特征是所有权与使用权分离，即"集体所有，农民使用"。农村宅基地使用权制度的主要内容是"一户一宅，面积法定；无偿取得，长期使用；无偿回收，限制流转；房地合一，地随房走；禁止抵押，严禁开发"。

1. 主体具有特定性

我国农村宅基地使用权与集体经济组织成员权利和利益是联系在

一起的，宅基地具有成员身份性，只有具有集体经济组织成员权的农民才有资格申请和得到宅基地，集体经济组织以外的人员一般不能申请宅基地，也不能通过继受取得途径获得农村宅基地使用权。

2. 取得具有无偿性

农村宅基地使用权是农民依据其作为集体经济组织成员的身份而无偿享有，并不是通过等价交换取得。每一个成员都有权以个人或者农户的名义申请宅基地，这种申请取得并不需要缴纳土地使用费。宅基地使用权体现了集体对村民住房的保障，不需要农民付出土地价值的对价。

3. 使用权没有限期

宅基地使用以户为单位，不因户主的更替或某个家庭成员的死亡而失去原来的宅基地使用权，只要符合申请条件、面积符合要求，宅基地使用权可以在一定条件下无限期使用。但如果国家建设需要征用土地，或者村镇规划需要改变土地用途，可以经过法定程序，进行合理的调剂或重新安排。

4. 使用受到限制

使用受到限制主要表现在：数量和面积上的限制，集体经济组织内部符合规定的成员一户只能拥有一处宅基地，并不得超过规定面积。用途上的限制，农民有权在宅基地上建造住宅和附属设施，但不能用于生产性或者营利性活动，也不能作为抵押品获取贷款。流转方面的限制，宅基地使用权只能在村集体内部流转，不能转让给集体以外的个人或机构。

二 基于公平与效率的制度成效评价

按照制度经济学理论，产权可分为私人产权和公有产权，现实中还有两者共存的混合产权结构。关于不同产权的有效性，学者们大多认为私有产权最为有效（科斯，1959、1960；平乔维奇，1990；德姆塞茨，1979；张五常，1968；等等）。但是，产权制度的有效性不仅取决于资源配置效率，还在于制度公平性，而效率与公平往往需要合理配置（詹姆斯·E. 米德，1964）。我国目前宅基地所有权归集体，使用权归农民，属于"共有私用"的混合产权制度安排。我们尝试从公平与效率两个维度构建一个农村宅基地使用权制度有效性分析框架。

（一）制度公平性

1. 权利公平性：保障"居住权"与限制"财产权"

住房是人生存和繁衍的必要物质，也是最基本的需要之一。居住权是人权的基本内容。农村宅基地是由集体经济组织平均分配给集体组织内部成员的，其成员无偿取得并能长期占有，这实际上是集体经济组织以社会福利的形式分配生活资料。这种具有福利性、保障性的使用权分配制度，使农民住有所居而不至于流离失所，是对农民最低限度的福利，保障了其"住"的基本权利。同时，"一户一宅、面积法定"的制度设计，使无论贫富，结果都是均等，富者不能多占，穷者不会少得，保证了宅基地资源分配的基本公平，有利于农村经济社会的稳定发展。土地除具有资源属性以保障生存之外，更具有财产属性。一般而言，土地可以被视为一种能够受人支配的、可给特定主体带来经济利益的财产。按照《物权法》规定，宅基地使用权是一种用益物权，具有私人财产的基本属性，用益物权人对他人所有的不动产或者动产，依法享有占有、使用和收益的权利，目前农村宅基地使用权实际上是认可了农民对宅基地排他性的使用权，但没有赋予农民独享性的收益权以及自由性的转让权，宅基地更多地只是被当作一种保障其居住权的载体而存在。

2. 城乡公平性：土地财产权差异化配置

现行农村宅基地使用权制度基本保障了农村集体经济组织内部成员公平的居住权利，从某种意义上来说，这种公平也仅仅是一种底线公平，更为突出的是城乡土地财产权利的不平等。其一，城镇国有土地使用权可以出让转让，但农村宅基地使用权无法自由流转，集体土地与国有土地财产权存在极大的不平等，导致集体土地收益无法增进，损害了集体土地权益。正如詹姆斯·E. 米德所言，财产所有权的不平等分配，意味着权力和地位的不平等分配，即使它不会引起收入分配的不平等，也是如此。[①] 其二，农村宅基地使用权不是一种所有权意义上的财产权，宅基地的非资本化和非市场化使土地资产价值无法得到显化，事实上限制了土地从生存保障功能向致富资本功能的转变。[②] 同时，由于宅基地使用权和房屋所有权不可分割，限制宅基地流转必然损害房屋所有权价值，造成城市居民和农村居民房产权利事实上的不平等。

（二）制度效率

1. 宅基地"共有私用"与农户机会主义

按照公共经济学基本理论，"公共池塘资源"[③] 的利用容易产生过度捕捞、过度放牧、滥伐森林、地下水的损耗等一系列"公用地悲剧"，这源于个人理性与集体非理性，最终造成个人利益与集体利益的冲突。正如亚里士多德曾指出，"凡是属于最多数人的公共事物常常是最少受人照顾的事物，人们关心着自己的所有，而忽视公共的

---

① 詹姆斯·E. 米德著《效率、公平与产权》，施仁译，北京经济学院出版社，1992，第 28 页。
② 喻文莉：《转型期宅基地使用权制度研究》，法律出版社，2011，第 87 页。
③ 公共池塘资源（Common-Pool Resources，CPRs）是一种人们共同使用整个资源系统而分别享用资源收益的公共资源，具有非排他性和竞争性特征。

事物"①。在农村宅基地产权主体中，农村集体经济组织是农村宅基地所有权主体，农民根据成员权享有宅基地使用权，从某种意义上来说，农村宅基地具有区域性公共产品性质。正是基于此，农村宅基地的利用就十分可能出现低效率配置结果，农村集体经济组织很难抑制宅基地使用者扩大宅基地占用、规避宅基地退出等一系列机会主义行为。更为重要的是，当前作为宅基地所有者的集体经济组织事实上是缺位的，收回闲置宅基地、监管宅基地使用的能力和动力不足，"一户一宅，面积法定""无偿回收、限制流转"等制度性规定往往流于形式，最终造成农村宅基地使用的混乱和闲置。

2. "模糊产权"与宅基地隐性流转

目前，我国农村宅基地使用权制度是在保留排他性的基础上限制可让渡性，但由于所有权主体缺位，这种制度安排事实上是一种模糊产权，随着农村人口流动加剧和土地交易价值提升，势必会导致越来越多的宅基地隐性或私下流转。我们可以用简单的博弈模型进行说明。假定博弈参与方只有村集体和农民，而且农民和村集体都是理性的，以追求自身利益追大化为目标。农民对宅基地的行动集合为{自用，私下流转}，村集体的行动集合为{监管，不监管}。假定农民自用宅基地获得的效用为 U_1，集体监管获得的收益为 U_2（包括政府对村集体的褒奖等），监管的成本为 C_1，惩罚执行成本为 C_2。村集体对村民私下流转宅基地的惩罚为 F，村民私下流转宅基地获得的收益为 R，政府对村集体监管村民私下流转宅基地不力的惩罚成本为 C_3，地方村集体与农民的支付矩阵如图 7-1、图 7-2 所示。

由于村集体的监管收益和监管不力的惩罚成本很小，大多可能仅限于口头表扬或惩罚，而村集体监督成本和惩罚执行成本是实实在在的支

---

① 亚里士多德：《政治学》，吴寿彭译，商务印书馆，1983，第 48 页。

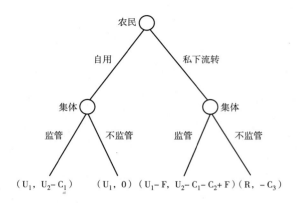

图 7 - 1　宅基地私下流转中农民与村集体的博弈过程

付，同时村集体用于监督和惩罚的经费有限，没收村民私下流转宅基地的违法所得 F 必须上缴，所以对村集体而言，不管农民是选择自用还是私下流转，都会选择不监管。对农民而言，$U_1 - F < U_1$，私下流转并非绝对占优策略，但由于宅基地所有权主体缺位，村集体对农民的处罚常常无法实现，是一种"不可置信的威胁"，因此，当宅基地交易价值越大时，不管村集体是否监管，农民私下流转宅基地的可能性都会增加。

	村集体	
	监管	不监管
农民　自用	$U_1, U_2 - C_1$	$U_1, 0$
私下流转	$U_1 - F, U_2 - C_1 - C_2 + F$	$R, -C_3$

图 7 - 2　农民与村集体的支付矩阵

3. "委托—代理"与合谋

在现行的农村宅基地产权制度安排下，农民将宅基地所有权委托给集体经济组织或村民委员会，构成了事实上的委托—代理关系，当代理人的利己动机与委托人不一致时，在信息不对称条件下就可能产生非协作和非效率问题，侵害农民利益。事实上，宅基地使用权的管制很可能产生寻租问题，结果是宅基地使用更趋向于集体经济组织管理者的偏好。① 集体经济组织掌握村庄宅基地的分配权，由于宅基地无偿分配，但宅基地因位置不同而客观上存在级差地租，不能通过正常的经济手段来反映、约束和控制，容易滋生权力寻租和不正之风，引发干群矛盾和村民纠纷。② 同时，随着土地价值的上升，宅基地成为地方政府和一些企业获取利益的对象，发生道德风险的可能性越来越大，由于缺乏明确的利益保护机制，部分村干部与地方政府、企业合谋攫取农民土地收益的现象就很难避免，最终导致农民土地收益损失。

（三）综合评价

我国宅基地使用权制度的调整与生产力发展要求是基本适应的，体现了时代要求，具有历史合理性。由于当前农村社会保障体系还不完善，具有福利分配性质的宅基地使用权，保障了农民"住有所居"的居住权，具有一定的现实必要性。然而，不论从公平还是效率角度来看，当前形势下我国现行农村宅基地使用权制度都是一种比较低效的制度安排。尽管农村宅基地使用权制度的存续有一定的现实必要性，但在城镇化和工业化加快推进、农村人口大量流动的形势下，土地的财产价值和功能日益凸显，通过牺牲财产权利公平保障底线居住公平的制度安排已经迫切需要调整，它既不利于宅基地用益物权的实现，也不利于城乡财产权利配置的公平，结果只能是进一步拉大城乡居民的财产性收入差距。

同时，作为一种无偿分配的区域性公共产品，在所有权主体缺位、农村社会内部村规民约、宗族惩罚等传统社会资本治理机制日渐

---

① 王旭东：《中国农村宅基地制度研究》，财政部财政科学研究所博士学位论文，2007。
② 刘李峰：《农村宅基地使用权制度面临的问题及对策》，《城市发展研究》2008 年第 4 期。

式微、村级组织权威不断衰落的情况下，对宅基地使用的监管和惩罚面临难题，农户个体逐利动机在缺乏有效约束的情况下只会产生大量机会主义行为，超占宅基地、私下流转宅基地现象就很难避免，而且在农民个体处于相对弱势地位的条件下，土地权能的不完整会给部分地方政府、用地企业、村干部等侵占农民利益留下空间。归纳而言，新形势下为保障公平牺牲效率的宅基地使用权制度安排应该向更加注重效率的制度安排转变，让宅基地的使用和管理更加透明化、阳光化，从而保障农民土地财产收益，提高农村土地利用效率。

三　宅基地使用权制度的突出问题

随着城镇化和工业化加快推进、城乡人口结构变化、"新民居"建设加快，现行农村宅基地使用权制度已经越来越不适应形势发展的要求。

（一）"一户一宅"政策亟待进一步完善，农村"一户多宅"和超占宅基地现象普遍

"一户一宅、面积法定"是现行宅基地使用权制度的核心内容，政策初衷是为了保障集体经济组织内部基本的公平，但政策设计不仅与《继承法》等其他法律法规的部分规定相冲突，而且由于内容不清晰，存在空白点和模糊区域，与之相配套的集体管制缺位，造成政策执行"走样"。我国现行的《农村土地管理法》规定农村居民一户只能拥有一处宅基地，但由于宅基地可以继承和赠予，集体经济组织内部转让也没有限制，造成现实中农村子女分户取得宅基地后，可以通过合法继承、接受赠予、合法购买集体内村民住房等方式获得更多宅基地。而且，由于对"户"的界定不清晰，造成"一户多宅"和宅基地人均

面积过大等问题。国家统计局第二次全国农业普查数据显示，在被调查的 22108 万户农村居民中，拥有 2 处住宅的有 1421 万户，占 6.4%；拥有 3 处以上住宅的有 77 万户，占 0.4%。在四川省双流县中和镇，超标准占地总面积达到 251.6 亩，占宅基地总面积的 42.7%。对于"一户多宅"和超占宅基地现象，目前法律法规对此还缺乏具体的政策规定，作为所有权主体"虚置"的集体经济组织及其代理人，没有监管和实施惩罚的动力和能力，致使"一户一宅"政策效果大打折扣，这也是"公共池塘资源"容易被过度使用的充分表现。

表 7-2　四川双流县中和镇三个村宅基地情况

项目	新民村	朝阳村	华龙村	合计
宅基地总宗数（块）	830	706	871	2407
宅基地总面积（亩）	179	135.4	274.2	588.6
当地宅基地面积标准（平方米/人）	25	25	25	—
超标准占地户数	587	460	593	1640
超标准占地面积总和（亩）	76.6	40	135	251.6

资料来源：韩俊主编《中国农村土地问题调查》，上海远东出版社，2009，第308页。

（二）农村宅基地使用权缺乏有偿退出机制，无偿回收造成宅基地资源大量闲置浪费

由于宅基地具有区域性公共产品属性，且所有权主体缺位，宅基地的管理和利用会带来"搭便车"问题，导致监管不足和过度使用。目前，由于缺乏有效的退出机制，农民退出宅基地既得不到房屋补偿，也得不到宅基地退出补贴，缺少主动退出宅基地的动力,[①] 由于是无偿使用，退出农村而继续持有宅基地的成本很低。宅基地的无偿

---

① 张云华：《完善与改革农村宅基地制度研究》，中国农业出版社，2011。

使用和潜在收益导致农民在拥有旧房的情况下尽可能另辟新址，即使占而不用，也可作为一种备用资源和资产保留。① 农村集体经济组织缺乏补偿农民退出宅基地的相关补偿费用，回收后开发利用宅基地的空间有限，缺乏回收宅基地的动力。

合理补偿机制的缺失导致"人走房空"、建新不拆旧，宅基地大量闲置，部分人在城乡双重占有土地资源，使不少宅基地处于空置状态，造成有限资源的极大浪费。据相关统计，目前全国2.4亿亩村庄建设用地中，"空心村"内老宅基地闲置面积占10%～15%，部分地区这一比例更高。另据宋伟等人对全国24个省份162个行政村调查，村庄宅基地空心化率平均达到10.2%。正是由于宅基地的福利性分配和无偿退出，当前农村出现人口减少与居民点用地面积扩大的悖论也就不足为奇。

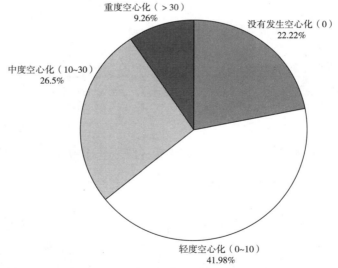

图 7 - 3 调查村庄宅基地空心化程度

资料来源：宋伟、陈百明、张英：《中国村庄宅基地空心化评价及其影响因素》，《地理研究》2013 年第 1 期。

---

① 王克强：《中国农村集体土地资产化运作与社会保障机制建设研究》，上海财经大学出版社，2005，第 178 页。

（三）农村宅基地使用权流转受限，制度催生私下交易造成农村宅基地财产价值流失

随着农村人口向城市大量转移、城镇化快速推进以及城市居住成本上升，客观上产生了农村宅基地转让需求和城市周边农村住房需求，宅基地的隐性价值不断提升，由于作为所有权人主体的集体经济组织缺乏监管的动力和能力，宅基地私下流转交易以及宅基地用于"小产权房"开发也就很难避免。部分地区集体经济组织为增加收入，通过发放村镇产权证等方式，为城市居民到农村购房提供便利。同时，由于城镇居民租赁农民房屋并不受限制，现实中存在通过长期租赁等方式实际转让农村住房和宅基地的现象。在一些经济发达地区的城中村、城乡结合部，小产权房开发屡禁不止。

据国土资源部统计，在经济发达地区特别是城乡结合部，农村宅基地通过房屋买卖、出租、抵押变相流转已是普遍现象，形成了自发的隐形市场，流转的宅基地占比在 10% ~ 40%。[①] 另据吴郁玲对武汉市、仙桃市和恩施市 361 户的调查，确权前有不少宅基地流转给了集体经济组织成员以外的其他人。[②] 宅基地私下流转容易带来两方面的问题：一是由于宅基地使用权不能进入市场进行公开交易，农民的宅基地和房屋经常会被随意定价、价值低估，不仅造成集体土地资产收益的大量流失，也侵害了农民利益。二是宅基地私下流转和灰色交易，引发了越来越多的社会矛盾和法律纠纷，成为社会不安定因素的一个重要问题。

[①] 《农村宅基地私下交易普遍　建议北京探索流转制度》，大众网（www.dazwww.com），2012 年 11 月 2 日。

[②] 吴郁玲、石汇、王梅、冯忠垒：《农村异质性资源禀赋、宅基地使用权确权与农户宅基地流转：理论与来自湖北省的经验》，《中国农村经济》2018 年第 5 期。

表7-3 宅基地确权后农村宅基地流转对象占比

单位：%

项目		近郊农村	远郊农村	远郊风景秀丽农村
确权前	企业	13.04	20	0
	本村村民	0	20	45
	外村人（外村村民和非农业城镇人口）	63.04	50	55
	政府	23.91	10	0
确权后	企业	37.96	15	13.4
	本村村民	0.93	3.33	39.13
	外村人（外村村民和非农业城镇人口）	43.52	5	47.83
	政府	17.59	76.67	0

资料来源：吴郁玲、石汇、玉梅、冯忠垒：《农村异质性资源禀赋、宅基地使用权确权与农户宅基地流转：理论与来自湖北省的经验》，《中国农村经济》2018年第5期。

（四）农村宅基地用益物权权能缺乏保障，不利于农村发展和农业转移人口市民化

虽然《物权法》明确将宅基地使用权界定为用益物权，但对宅基地的收益权和财产权却没有明确规定，甚至在法律表述上自相矛盾。在现行宅基地使用权制度条件下，宅基地不具有完全财产权利，属于"沉睡"资产，不仅不利于农村发展，也弱化了农业转移人口落户城镇的经济能力，影响城镇化的进程和质量。在村庄整治、"城中村"改造过程中农民利益得不到合理保护，特别是随着城镇化和工业化的快速发展，建设用地指标更加紧缺，一些地区通过"新民居"建设、"宅基地换房"等方式获取建设用地，但对农民的补偿较低，严重侵害了农民合法权益，农民也很难分享宅基地整理后作为建设用地出让的增值收益。

农村宅基地财产价值无法实现，对农村和城市发展都产生了不利影响：一方面，推进乡村振兴需要大量资金，但由于缺乏有效抵押物，村集体和农民缺乏资本融通能力，虽然农民拥有宅基地使用权和房屋所有权，但现行政策不允许农民宅基地使用权抵押融资，房屋所有权抵押尽管没有明确规定，但受宅基地使用权抵押限制也无法有效开展，大量沉淀资产无法盘活，影响了农村的发展。另一方面，随着城市居住和生活成本的提高，农村转移人口实现市民化的成本也越来越高，宅基地和房屋财产价值无法顺利实现，影响了农民"带资进城"的能力。

（五）农村宅基地使用权与房屋所有权关系失当，农民房屋财产权功能实现受到限制

目前，尽管农民只拥有宅基地使用权，但拥有房屋的所有权，即"一宅两制"，现行法律对农村宅基地使用权流转进行了严格限制，但对房屋的买卖、出租、赠与和抵押等自由流转并未限制。房屋的财产权和宅基地使用权没有很好地分开，导致农民房屋财产权利不完整，甚至缺乏起码的产权登记与证明。[①] 由于目前实行的是"地随房走"的政策，但按照法律规定农村宅基地的使用权只能在本集体经济组织成员之间转让，而且农民在出卖房屋流转宅基地后，再申请新的宅基地不被批准，这事实上限制了房屋的自由流转，约束了农民对房屋的处分权。房屋财产权功能受限，使农民房屋收益权无法有效保障，不仅损害了农民的利益，而且拉大了城乡居民的收入差距。目前，城市住房已经成为城市居民最重要的财产，财产性收入在城市居民收入中占有相当大的比重，但农村居民能从住房中获得的财产性收

---

① 张云华：《完善与改革农村宅基地制度研究》，中国农业出版社，2011，第9页。

入十分有限，这无疑是一种财产收益的制度性损失，会进一步拉大城乡收入差距。

四　宅基地使用权制度改革的出路

农村宅基地产权制度改革将会在很大程度上改变城市和农村发展的节奏和质量，是深化农村改革无法绕开的难题。目前，全国 33 个县的宅基地改革试点正在推进，不少地方围绕宅基地使用权制度改革也在积极探索，取得了一定的成效。在城镇化、工业化加快推进的背景下，完善农村宅基地使用权制度，需要重点在以下几个方面取得突破：一是通过制度改革进一步明晰产权，减少所有权与使用权"两权分离"条件下宅基地使用主体的机会主义行为，避免"一户多宅"和超占宅基地现象；二是通过制度改革建立相应的激励约束机制，激活农村大量的闲置宅基地资源，使宅基地使用权主体退出宅基地能获得必要的资产收益，增加融入城镇的资本；三是通过制度创新改变政府、集体组织监管和土地使用者违法收益支付，减少农村宅基地隐性流转，最大限度降低自发交易所造成的效率损失；四是通过制度改革完善土地增值收益分配关系，在推进城乡土地权利平等化的基础上，保障集体土地所有者、宅基地使用者、政府以及其他主体公平分享土地流转增值收益。

（一）制度改革方向

由于宅基地是农民安身立命之所，兼有农民居住和家庭经济的双重功能，制度改革必然是一个长期渐进过程。2018 年"中央一号"文件提出探索宅基地所有权、资格权、使用权等"三权分置"，确定了宅基地改革的总体方向。进一步深化改革的具体路径是：在巩固集体宅基地所有权的前提下，以充实农民宅基地用益物权为核心，有条件放开宅基地使用权流转，建立宅基地有偿使用和退出机制，推进农村宅基地使用权抵押，盘活农村宅基地资源，提高农民土地财产性收益。

1. 巩固集体所有权

关于宅基地所有权改革方向，有学者建议应一步到位，将宅基地私有化，这样有利于消除对农民的歧视，保护和增进农民的财产权益。但是，目前农村宅基地对农民仍具有很强的社会保障功能，私有化可能带来一系列问题，短期内不是制度改革的方向。我们认为应在坚持宅基地所有权、资格权和使用权分离的制度基础上，针对宅基地所有权主体虚化、集体土地权利弱化、集体成员权利模糊等问题，进一步巩固宅基地集体所有权权利，从法律和制度上赋予集体土地和国有土地同等权利，明确集体经济组织作为集体土地代表者地位。

2. 充实用益物权

《物权法》将农民的宅基地使用权界定为用益物权，但农民宅基地用益物权的权能并不完整，2008 年中共中央十七届三中全会通过的《关于推进农村改革与发展的若干重大问题的决定》提出，"依法保障农户宅基地的用益物权"，这为农村宅基地使用权改革指明了方向。为此，应加快推进房地一体的农村宅基地使用权确权登记，在巩固农民对宅基地占有和使用权利的基础上，赋予农民对宅基地的收益权和处分权，保障农民的财产权利。

3. 盘活使用权

目前宅基地使用权流转的现实需要与政策法规调整滞后之间的矛盾越来越突出，继续"一刀切"地限制农村宅基地使用权流转已经不符合农村发展和农民利益保护的需要。要有条件地逐步放开农村宅基地使用权流转，赋予农民宅基地使用权流转与房屋交易权利，通过建立宅基地流转市场，引导宅基地合法有序流转，逐步将隐形交易纳入制度化渠道。2019年5月5日，中共中央、国务院发布《关于建立健全城乡融合发展体制机制和政策体系的意见》，提出在符合相关条件的前提下，允许村集体依法把有偿收回的闲置宅基地转变为集体经营性建设用地入市，为宅基地流转提供了一条道路。

4. 推进使用者付费和补偿

目前城镇化、工业化快速推进导致的用地难与农村大量建设用地闲置问题并存，不利于提高土地资源利用效率。现行无偿使用和无偿回收的政策无法体现宅基地资源的稀缺性，按照解决"公共池塘资源"问题的思路，应采取使用者付费的制度来提高宅基地使用权的使用和持有成本，激励宅基地的高效利用和有效退出。

（二）改革的具体路径

不论是从效率还是从公平角度来说，农村宅基地使用权制度改革都已经刻不容缓。前瞻性地开展系统研究，搞好理论和政策储备，对未来宅基地制度改革创新将有所裨益。长期看，应逐步建立和完善宅基地有偿使用、使用权退出补偿、使用权流转及收益分配制度，近期在宅基地使用权和农村房屋财产权确权颁证的基础上，需要重点做好以下几个方面的工作。

1. 分步骤推进农村宅基地有偿使用

为解决宅基地无偿取得造成的土地资源闲置浪费问题，在充分尊重农民意愿的前提下，及时总结农村宅基地制度改革试点经验，分步骤完善农村宅基地有偿使用制度，推进宅基地使用权由目前福利性的无偿划拨转为有偿使用，增加宅基地保有环节的留置成本。近期，在我国农村社会保障制度尚不完善的条件下，为保障农民的居住权，减少改革阻力，农村宅基地取得应限于村集体内的农民，对农民已经合法取得并符合标准的宅基地可以继续无偿使用，对新申请的农村宅基地按照地理位置、村庄规划、交通状况等收取不同标准的使用费。对超标农村宅基地使用累进收费方法，超过法定面积越大收费越高。农村宅基地使用费由村集体经济组织收取和管理，用于村庄公益事业和对农民宅基地使用的补贴。条件成熟后，允许非本集体经济组织成员有偿使用宅基地，但收费标准要高于村集体经济组织成员，而且使用年限应进行严格规定。

2. 积极开展农村宅基地使用权退出补偿

在建立统一的农村宅基地登记制度的基础上，逐步探索农村宅基地有偿退出路径。农村宅基地退出补偿制度的核心是建立农户退出宅基地的激励和约束机制，现实操作中面临如何确定宅基地补偿成本分担主体和补偿标准方式等问题。在补偿成本分担方面，村集体经济组织虽然是农村宅基地所有权主体，但目前多数没有经济能力负担宅基地回收的成本，建议采取"政府为主、村集体补贴、部门监管"的模式进行，由市县政府从耕地开垦费、新增建设用地土地有偿使用费等收益中出资，主要承担对退出农村宅基地农户的补偿，集体经济比较好的地区，集体经济组织予以相应补助，并具体负责农村宅基地回收工作。在补偿标准方面，由于农村宅基地使用权没有明确的市场交易价格，为避免补偿标准过低，应通过广泛协商，确立农户、村集体经济组织和政府共同认可的补偿标准和补偿方式。建议按照农村宅基地与附属设施用地实际占地面积（符合法定标准）对退出宅基地的农民予以货币补偿。为了防止农村宅基地退出后可能产生农户居无定所的问题，应对宅基地退出设置适当限制条件，以在城镇有稳定收入或房产的农户为主，条件成熟后逐步放开。此外，出台相关配套支持政策，建立农村宅基地储备平台，支持社会资本与集体经济组织组建联营公司，对农民退出的闲置宅基地及时进行整治、复垦、置换等。

3. 适度放开农村宅基地使用权流转

基于农村宅基地的重要性和宅基地流转的复杂性，应按照"有条件、分阶段、分区域"的原则逐步推进农村宅基地使用权流转。其一，调整相应的法律法规和政策，赋予农民对宅基地的部分收益权和处分权，适度放开流转主体限制，允许宅基地使用权流转给非本集体经济组织成员，但要明确农村宅基地使用权流转条件、范围、方式、期限、收益分配及流转后土地产权关系等。其二，明确宅基地使用权流转程序，农村集体经济组织是宅基地的所有者，宅基地的流转必须经过所有权人的同意，并报乡（镇）和县市政府土地、房产管理部门备案。其三，培育规范的农村宅基地使用权交易市场。总结地方探索经验，着力培育宅基地使用权交易市场，引导宅基地使用权流转向纵深发展，并保证公平、合理。其四，明确农村宅基地使用权流转形式，可以采用转让、租赁、作价出资（入股）、抵押、土地置换等方式，不管采取何种形式，都不应造成农村宅基地使用权的滥用和乱转，应明确规定宅基地使用权的流转不得改变土地用途，仅限于居住使用。其五，规定宅基地使用权有效期限，可以借鉴城市住宅用地使用权为 70 年的规定，规定农村宅基地使用权有效期为 70 年，对届满是否可以续期及续期次数进行明确规定。

4. 建立农村宅基地使用权增值收益分享机制

农村宅基地收益分配涉及集体经济组织、农民、政府以及企业等主体，必须厘清各主体的收益分配关系。对通过宅基地置换整理等获得的新增集体建设用地出让或出租收益分配，不能为地方政府和企业全部占有，村集体经济组织应该参与分享。对存量宅基地使用权流转收益应基于产权进行首次分配，主要归集体土地所有者和宅基地使用者所有，维护土地所有者和使用者合法收益。政府和其他主体无权直接分享产权人的处置收益。集体土地收益应转向用于农村人居环境整治、农村基础设施建设、公共服务、土地开发整理、集体建设用地整理复垦，不得挪作他用。政府可以通过收取税费等形式参与集体建设用地增值收益分配，获得基础设施建设、环境保护等方面的投资回报。

5. 稳步开展农村宅基地使用权抵押

条件成熟后，修改《担保法》《物权法》《农村土地承包法》等法律中关于"农村耕地、宅基地、自留地、自留山等集体所有土地使用权不得抵押"的条文，有条件地逐步放开农村宅基地使用权抵押融资。认真总结目前各地农村房屋抵押实践的得失，制定宅基地使用权抵押专门的管理办法，明确农村宅基地使用权和房屋所有权抵押的程序、具体的登记、管理措施及相关的管理部门、抵押权实现的方式等。在此基础上，重点做好三个方面的工作：一是针对农村宅基地使用权抵押后可能带来的农民无房可住的问题，应对宅基地使用权抵押设置门槛，宅基地使用权抵押必须经得村集体经济组织认可，同时申请抵押的农户家庭应有另一处住房。二是针对农村宅基地使用权抵押价值可能会被低估导致农民利益受损的问题，应由专业评估机构对宅基地使用权价值进行评估。三是针对农村宅基地使用权抵押变现困难导致的贷款风险，政府应按一定比例出资设立专门的贷款损失保障或补偿基金，在贷款发生违约、实现抵押权较困难时，实施抵押物收购或进行贷款风险补偿。

第八章

集体建设用地：乡村振兴的重要保障

　　构建城乡统一的建设用地市场是基本方向。推进农村集体建设用地流转，放活土地产权运行，赋予其完整的自由处分权和收益权，是深化改革的关键。谁有资格，以及能够分享多少收益，即增值收益如何有效分配，无疑是当前深化改革的重点，也是难点，处理不好极易引发社会矛盾。

20 世纪 80 年代以来，农村改革和城市建设催生了农民工进城打工潮，拉开了农村人口大规模向城市流动的序幕。但是，由于存在城乡二元制度阻碍，人口大规模迁徙与农村土地流转并不同步，导致农村建设用地大量空置闲置和隐性流转，农村"空心化"、小产权房等给农村发展和新型城镇化建设埋下重大隐患。在推进城乡融合发展进而迈向现代化的进程中，需要做好农村土地制度改革这篇大文章，题眼在集体土地的商品化和资本化，核心在赋予城乡建设用地同等交易权，加快放活集体土地自由流转权。集体建设用地流转实质上是土地产权运行的过程，关于农村集体建设用地使用权是否可以流转，目前有争议，但认识在逐步统一，必要性已无须赘述，本章将重点研究集体建设用地流转中的价格形成和收益分配机制。[①]

一　农村集体建设用地流转模式评价

农村集体建设用地使用权流转在法律上并没有得到完全认可，但在地方实践中有不同程度的探索，大体来看，主要有有限范围流转、政府行政主导、政府模拟市场三种主要模式。[②]

---

① 农村集体建设用地流转包括土地所有权或使用权在不同权利主体之间的流动，其中所有权流转是指通过征地方式将土地由集体所有转变为国家所有，使用权流转是指村集体或其他集体建设用地使用者通过出让、出租、抵押、作价入股等方式将集体建设用地有偿让渡给其他经济主体使用的行为。

② 为规范农村集体建设用地无序流转局面，20 世纪 90 年代中期开始，安徽芜湖等地先后开展了集体建设用地流转试点；2004 年国务院出台的《关于深化改革严格土地管理的决定》也提出，"在符合规划的前提下，村庄、集镇、建制镇中的农民集体所有建设用地使用权可以依法流转"。2015 年，相关部门启动农村土地征收、集体经营性建设用地入市、宅基地制度改革试点。

（一）有限范围流转模式

目前相关法律法规对农村集体建设用地进行了使用主体限定和使用用途限定，集体建设用地使用权流转法律空间很小。如《国务院办公厅关于严格执行有关农村集体建设用地法律和政策的通知》明确提出，农村住宅用地只能分配给本村村民，城镇居民不得到农村购买宅基地、农民住宅或"小产权房"，农民集体所有的土地使用权不得出让、转让或者出租用于非农业建设。农村宅基地制度改革试点，也仅允许探索进城落户农民在本集体经济组织内部自愿有偿退出或转让宅基地。在农村人口大量转移、农民进城购房已成趋势的背景下，这种试点突破性不是很大。进行使用对象限制和用途限制，使集体建设用地权利难以资本化，资产性价值无法兑现，造成土地闲置和隐性流转。按照国土资源部数据，目前我国农村居民点空闲和闲置用地面积达3000万亩左右，相当于现有城镇用地规模的1/4，低效用地达9000万亩以上，相当于现有城镇用地规模的3/4。由于作为集体建设用地所有权主体的农村集体经济组织事实上缺位，推进闲置建设用地利用、处罚私下流转的能力和动力不足，土地低效配置利用状况长期得不到有效改善。

（二）政府行政主导模式

为了满足不断增加的城镇用地需求，相关部门推进实施了城乡建设用地增减挂钩政策，即通过将若干拟复垦为耕地的农村建设用地地块和拟用于城镇建设的地块共同组成建新拆旧项目区，通过建新拆旧和土地复垦，实现项目区内建设用地总量不增加、耕地面积不减少。实践中比较典型的有天津宅基地换房、浙江嘉兴"两分两换"等。这些模式的核心是政府代替市场进行资源配置，置换的标准、货币补贴的标准、被置换住房的规划建设等都由政府统一"规定"，集体建设用地只是实现了形态和空间的转移而不是价值的转移。挂钩周转指标只能在项目区内部周转，一些经济欠发达地区土地增值收益难以弥补土地整理和安置点建设投入，导致政策难以有效实施。

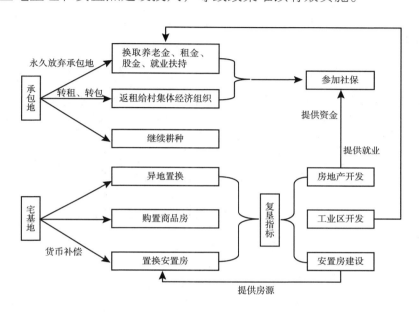

图 8 – 1　嘉兴"两分两换"模式

（三）政府模拟市场模式

在开展城乡建设用地增减挂钩过程中，重庆创造性地建立了"地票"制度。所谓"地票"，是指农村集体建设用地经过复垦并经过土地管理部门严格验收后所产生的指标。用地单位购得的"地票"，可以纳入新增建设用地计划，增加相同数量的城镇建设用地。"地票"交易是在不改变土地所有权属、不改变现行土地制度的前提下，通过政府模拟市场运行进行土地资源再配置的行为。尽管政府在土地流转中依然处于主导地位，但"地票"制度突破了挂钩项目"拆旧区"和"建新区"在县域内点对点的挂钩方式，采用"跨区县、指标对指标"的模式，实现城乡建设用地指标远距离、大范围的空间置换，从而使市场的价值发现功能发挥了作用,[①] 既缓和了城市住宅建设用地紧张的矛盾，又解决了边远地区农村建设用地闲置浪费问题，使农民能够分享到工业化和城镇化的成果。根据重庆农村土地交易所数据，截至 2018 年 6 月，重庆市累计交易"地票"25.9 万亩，成交均价稳定在 19 万元/亩左右。但是，类似"地票"这种政府模拟市场模式，没有从根本上改变农村集体建设用地流转政府垄断，土地价格形成机制并不健全，政府自利化和合谋行为难以避免。

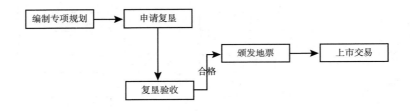

图 8 - 2　重庆市"地票"操作步骤

为了支持脱贫攻坚，"增减挂钩"流转范围有所放开。2017 年原国土资源部印发《关于进一步运用增减挂钩政策支持脱贫攻坚的通知》，明确省级扶贫开发工作重点县可以将增减挂钩节余指标在省域范围内流转使用，适用范围由原来的 832 个贫困县拓展到 1250 个贫困县。此后，又允许将增减挂钩节余指标由省域范围内流转扩展到东西部扶贫协作和对口支援省份之间。2018 年，国务院印发《城乡建设用地增减挂钩节余指标跨省域调剂管理办法》，允许"三区三州"、其他深度贫困县和不同省市之间进行土地指标调剂。与此同时，部分改革试点地区进行了

---

① 黄奇帆：《地票制度实验与效果——重庆土地交易制度创新之思考》，《学习时报》2015 年 5 月 4 日。

建设用地指标省域内交易探索，如四川泸县的"村村挂"，即村与村之间直接挂钩，以市场化方式实现土地指标交易，其中，邛崃市羊安镇仁和社区以28.5万元/亩的价格购买喻寺镇谭坝村农村宅基地退出节余指标300亩。通过指标流转或调剂，扩大了集体建设用地使用空间，是对有限范围流转模式的改进，流转渠道更加规范，流转价值相对更高。需要注意的是，建设用地流转规模受增减挂钩指标控制的限制明显，跨省调剂主要集中在"三区三州"、其他深度贫困县，总体规模比较有限，同时，指标流转增值收益如何进行合理分配和使用、农民利益如何保护仍是政策实施过程中需要关注的问题。

二　农村集体建设用地流转价格形成

市场决定价格是市场在资源配置中发挥决定性作用的关键。现行农村集体建设用地市场属于不完全市场，价格形成机制不健全。建立反映资源配置要求的价格[①]形成机制，是农村集体建设用地有序高效流转的基础和关键。

（一）不完全市场与交易风险折价

形成合理的流转价格，关键要赋予农民土地处分权和定价权。按照产权理论，任何资产只有包含完整确定的权利，才能通过流转实现其资产价值和收益。资产可交易性以及市场交易规模，在很大程度上取决于产权的完整性。所谓产权完整性，是指要素或资产的拥有者享有排他性的使用权、独享的收益权和自由的处分权。农村集体建设用

---

① 集体建设用地使用权流转价格是一个价格束，根据流转方式的不同，存在转让价、出租价、抵押价等多种价格形式。

地使用主体和交易存在诸多限制，尽管使用权排他，但缺乏完整的收益权和自由处分权，导致市场机制难以发挥作用，无法通过市场形成合理价格。我国农村集体建设用地属于集体经济组织所有，所有权归属在形式上是明确的，但农民集体的法律地位不明确，集体成员资格认定模糊，集体所有的权力范围、行使方式、保护手段等没有清晰界定，作为所有者的集体经济组织事实上是缺位的，导致代替和侵犯所有权现象突出。"共有私用"的制度安排使农村集体建设用地具有区域性公共产品特征，在集体经济组织成员与村集体博弈过程中，由于村集体事实性缺位，对违规流转建设用地进行处罚是一种"不可置信的威胁"，集体经济组织成员私下流转土地是占优策略。由于私下流转缺乏有效的价值评估体系和规则约束体系，土地被随意定价、价值低估现象比较多见，交易风险很大，不仅造成集体土地资产收益流失，也带来诸多社会安全隐患。

（二）集体建设用地流转价格形成基础

目前，农村集体建设用地流转是一个不完全公开的市场，其价格存在征地价格形成（所有权流转）和私下流转价格形成（使用权流转）两种主要模式，同时部分地区开展了农村集体建设用地使用权流转试点，多数对集体建设用地使用权流转价格进行了行政干预，如实行集体建设用地使用权价格申报制度和流转最低限价制度，流转价格形成主要有三种方式：一是由国土部门确定集体建设用地流转价格，并报政府批准或备案；二是由地方政府或依政府指导价确定流转价格；三是由评估机构评估形成价格并经国土部门确认。[①] 总体看，农村集体建设用地使用权流转价格形成多为政府决策，并不是事实上的市场形成价格。

如果允许农村集体建设用地直接入市，将改变国家垄断土地一级市

---

① 张洲：《集体建设用地流转价格评估方法应用研究》，首都经济贸易大学硕士学位论文，2014。

场的局面，带来市场供需结构的变化，从而导致市场价格发生变化。具
体看，在不能直接入市的条件下，市场供给曲线为 S_1，市场需求曲线
为 D_1，市场均衡价格为 P_1。能直接入市后，潜在的集体建设用地需求
将转变为现实需求，需求曲线从 D_1 上移到 D_2，供给曲线也会发生移动，
但存在一定的不确定性：如果供给曲线移动到 S_2，则市场均衡价格 P_2
将高于 P_1；如果供给曲线移动到 S_3，则市场均衡价格 P_3 将低于 P_1，抑
制城镇土地市场价格上涨。由于农村集体建设用地存在土地位置、地貌
特征等限制以及村集体经济组织财力约束，特别是一些退出的集体建设
用地零星、分散，直接入市流转比较困难，农村集体建设用地增量不可
能无限增加。但需要关注的是，由于供给弹性增加，价格的小幅变动将
带来更大的供给量的变动，会给农村耕地的保护带来更大压力。

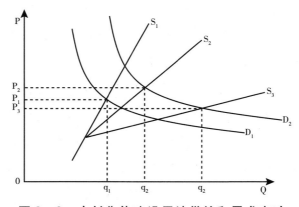

图 8 - 3　农村集体建设用地供给和需求变动

在集体建设用地直接入市条件下，均衡价格 P_2 或 P_3 可以表
达为:[①]

[①]　集体建设用地价格存在两方面含义，即反映资源配置要求的集体建设用地价格与反映集体
　　建设用地产权收益要求的价格，前者是以经济效率最大化为目标的集体建设用地价格，后
　　者是兼顾了效率目标和公平目标的集体建设用地价格（杨勇，2006）。

$$P = L/R \times [1 - 1/(1 + R)^n] + K + S$$

其中，L 为建设用地地租，R 为土地还原利率，K 为土地资本，S 为土地资本预期收益（包括利息和利润）。L 的确定应该综合考虑土地转用前或现用途地租和转用用途地租，而不应该仅仅是现用途地租或农地地租；同时，流转价格还应该包括对已进行的农地投资的合理补偿，即 $K + S$。

（三）流转价格决策主体关系与运行模式

价格决策是价格形成的核心。农村集体建设用地价格形成机制的有效运行，需要明确价格形式转换中的政府与市场行为边界，理顺土地价格主体关系。农村集体建设用地流转过程中，集体经济组织（土地出让方）、土地受让方等是相关利益主体，也理应是土地价格决策的主体，政府不应成为价格决策主体。具体而言，农村集体经济组织成员之间进行的土地流转，可以参照市场价格，由集体经济组织自行决定。农村集体建设用地直接入市进行流转，应由集体经济组织通过政府统一交易平台，以政府基准地价为基础，与土地受让方通过谈判确定市场价格。政府确定基准价格，主要原因是由于经济人的有限理性和趋利的机会主义，农村集体建设用地流转可能出现恶性竞争和无序竞争，需要政府进行必要的管理和干预，弥补市场失灵，但政府的干预不应该替代市场决策，重点应该加强土地流转交易平台建设，搞好土地分等定级，制定土地估价规程，建立农村集体建设用地基准地价体系。

在具体运行过程中，应结合土地市场发育情况、村集体经济组织财力等，采取"政府搭平台＋村集体收储＋市场出让""政府搭平台＋村集体委托＋第三方收储＋市场出让"等多种模式推进，对村集体经济实力较强、土地综合整治成本较小的地区，集体经济组织可以采取成立专业化公司的方式自行开展土地收储和交易；对一些村集体经济比较薄弱的地区，集体经济组织可以委托地方政府代为进行土地收储，也可以借鉴国有土地出让的一些典型模式，引进社会资本，由第三方机构进行土地收储和市场出让。农村集体建设用地入市的方式，可以采用"就地入市"和"转移入市"两种模式，对于集中连片的集体建设用地，进行土地整治后可以直接就地入市；对比较零星分散的集体建设用地，特别是农民的闲置宅基地，可以按规划和计划进行调整置换后转移入市交易。

要实现市场有效运行，还需要具备两方面条件：一方面，农村集体经济组织具有完整的价格决定能力。这需要赋予村集体经济组织完整的价格决定权，减少政府行政干预，在推进农村土地确权的基础上，应加快探索集体所有权权能的实现形式和途径，巩固村集体经济组织作为土地所有者的地位。同时，在明确村集体经济组织内涵的基础上，推进村集体组织经济职能与自治职能分离，实现集体土地财产的独立化，强化集体土地财产权。另一方面，土地流转市场服务体系必须健全。这需要大力发展土地评估机构、土地融资服务机构、土地保险机构等土地交易中介组织，健全土地交易信息网络，及时发布可流转土地的数量、区位、价格等信息，解决土地交易中的信息不公开、信息不对称等问题。

三　农村集体建设用地流转收益分配

收益分配是农村集体土地流转的核心。合理的收益分配机制，是集体建设用地流转市场有序运行的保证。

（一）集体建设用地流转收益分配主体

目前，关于农村集体建设用地流转收益分配主体确定存在较大争议，焦点是政府是否可以直接参与集体建设用地流转收益分配，主要有三种观点：①政府可以直接参与流转收益分配，与集体建设用地所有者、使用者共享流转收益，主要理由是部分增值收益是由政府投资带来的。②政府不应直接参与流转收益分配，但可以作为土地流转的监督管理者通过税收等方式间接参与收益分配，主要理由是土地流转收益分配应基于产权原则。③政府在首次流转中直接参与收益分配，再次流转中间接参与。

从已经开展农村集体建设用地流转试点的地区看，多数地区政府直接参与了流转收益分配，但参与收益分配的政府层级不同，如安徽芜湖市、县、镇政府都可以参与农村集体土地流转收益分配，2002年后市级不再参与分成；浙江则按土地产权关系进行收益分配，收益归乡（镇）、村两级所有，市、县不参与收益分配，其中乡镇级所有土地收益全额归乡镇所有，村级所有土地收益由村和乡镇分成。

从理论上看，土地流转增值收益的根本来源在于地租，包括级差地租Ⅰ、级差地租Ⅱ和绝对地租等。土地所有权是地租的前提，地租是土地所有权在经济上的实现。[①] 因此，土地增值收益分配应该基于产权原则，流转收益分配的主体应为土地权利人，土地所有者获得绝对地租和级差地租Ⅰ，所有者和使用者分享级差地租Ⅱ。政府不是流转交易主体，不应直接参与农村集体建设用地流转收益分配，但由于集体土地的区位优势和资产价值升值等一定程度上是政府投资带来的，政府可以通过土地增值税、土地使用税、契税等间接参与流转收益的再分配，同时对农村集体建设用地流转交易行为进行税收调节。

---

① 黄贤金、陈志刚、钟太洋：《土地经济学》，科学出版社，2009。

（二）集体建设用地流转收益内部分配

按照土地产权关系，村集体作为集体建设用地所有权人，应该分享大部分土地流转增值收益。目前各地实践中，主要采取流转收益所得由农民集体按一定比例提留、其余在成员之间分配的方式，[①] 但对具体分配比例尚未有统一标准。考虑到农村建设用地的特殊性，应该根据集体建设用地类别，采取"主辅分配"方式，即宅基地以外的集体建设用地流转增值收益按照"所有权优先、使用权为辅"的原则进行分配，宅基地流转增值收益按"使用权优先、所有权为辅"的原则进行分配。

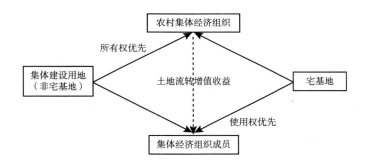

图 8 - 4　集体建设用地流转收益内部分配关系

主要有两个方面的原因：一方面，宅基地是农民安身立命之所，也是农村社会保障体系的重要组成部分。宅基地无偿福利分配，可以视为对农民长期以来通过农产品价格、土地等"剪刀差"对城市贡献的一种补偿，是对农民最低限度的福利。在严格"一户一宅、面积法定"的制度条件下，宅基地流转收益应该主

---

① 王文、洪亚敏、彭文英：《集体建设用地使用权流转收益形成及其分配研究》，《中国土地科学》2009 年第 7 期。

要用于农民使用权转让和社会保障补偿。另一方面，目前宅基地是无偿取得的，农民持有宅基地的成本很低，如果在集体土地流转中的预期收益过低，可能选择宅基地闲置而不是流转，这样大量闲置/空置宅基地就很难退出，进而导致集体建设用地流转"有市场无交易"。

（三）集体建设用地流转收益分配的前提

确保农村集体建设用地流转收益合理分配，必须具备两个前提：一是农村集体经济组织成员权明确界定。确定集体建设用地流转收益内部分配主体，必须清晰界定集体经济组织成员权，明确土地权益在成员中的分配方式，否则就可能带来诸多利益冲突。如何确认农村集体经济组织成员权资格，实践中有以下典型的认定标准：①户籍论，以是否具有本集体经济组织所在地常住户口作为依据；②村民论，只要是本村村民即具有所在集体经济组织成员资格；③以取得土地承包经营权论，只要取得土地承包经营权就是集体经济组织成员；④权利义务关系论，即是否与集体经济组织形成事实上的权利义务关系及管理关系。总体来看，集体经济组织成员权可采取复合标准进行分类界定，如都江堰市划分为普通成员和特殊成员①，并明确不同类型成员的权利和义务。同时，建立农村集体经济组织成员进入

---

① 下列人员确定为农村集体经济组织普通成员：由集体经济组织普通成员繁衍，并在该集体经济组织共有的土地上生产、生活的后代；与集体经济组织普通成员形成法定婚姻关系，并履行正常迁移落户手续的；父母或一方具有集体经济普通成员资格的子女，符合承包经营条件，但未承包到集体土地的；普通成员家庭经过合法程序收养的子女；因国家政策性迁入或经法定程序加入的。

　　下列人员确认为农村集体经济组织特殊成员：原为农村集体经济组织普通成员，因不同原因依法丧失或自愿放弃土地共有权、土地使用权、土地承包权、集体收益分配权等完整权利中的一项及其以上的；通过向农村集体经济组织捐交公积公益金的形式加入的；与该农村集体经济组织或经该集体经济组织同意与其成员形成产权转让关系的。

和退出机制，进行动态有序管理。二是土地有偿使用。农村宅基地实行福利性分配和无偿使用，农民不是通过市场交易以支付对价方式获得，在经济上没有确立宅基地资源的有价性，土地流转市场建设缺乏基础，无偿使用与市场化交易存在内在冲突。为保障农民居住权，对农民已经合法取得并符合标准的宅基地可以继续无偿使用，对新申请的宅基地按照地理位置、村庄规划、交通状况等收取不同标准的使用费。

四　关于若干问题的进一步讨论

目前我国农村土地制度与农业现代化、新型城镇化和工业化不相适应的问题日益凸显，改革重要性和必要性已无须赘言。推进农村集体建设用地制度改革，正从改革"禁地"走向"前台"，向前迈出了一步，但改革步伐、力度和深度都远远滞后于实践发展需要。农村集体建设用地制度改革的社会共识度高，但改革进程十分缓慢，这与集体建设用地制度改革涉及面广、复杂性强有关，但也与一些错误认识和顾虑没有破除有关。

一是农村集体建设用地流转会冲击粮食安全。在政府监管不完善、农村土地权能不完整的条件下，农村集体建设用地流转确实可能带来部分耕地被占用、被流转的问题，对粮食生产造成一定影响，这种现象不可忽视。但是，目前土地用途管制的法律法规已经比较健全，土地用途变更的技术监管手段也已经比较成熟，土地违规使用现象却仍屡屡发生，根本在于部分逐利的地方政府与资本结合，对这些违规违法现象选择性忽视。因此，防止农村集体建设用地流转冲击粮食安全，要进一步完善土地制度，建立政府行为约束机制，强化法律法规执行力度，而不是"一禁了之"。

二是农村集体建设用地流转会损害农民利益。农村集体建设用地流转背后是利益的再分配，利益导向下可能出现集体违规流转的道德风险，部分村干部与地方政府、企业合谋攫取农民土地收益，造成农民土地收益损失。这种现象在征地和农村耕地流转过程中并不少见，关键原因是没有形成明确合理的利益分享机制。从实践看，浙江嘉兴等地区通过建立土地流转风险基金，有效维护了农民的利益。因此，不能因可能出现侵害农民利益现象而"因噎废食"，禁止农村集体建设用地流转，进而造成农民土地财产不能盘活的更大"隐性损失"。

三是农村集体建设用地流转会冲击政府土地财政。这是目前不允许农村集体建设用地流转，不解禁"小产权房"的重要原因。不可否认，土地财政支撑了我国城镇化和工业化的快速发展，具有特定阶段的历史意义。然而，城乡土地"剪刀差"是对农民利益的剥夺，是现代化建设的重要隐患，不可持续也不能持续。同时，农村集体建设用地入市，尽管会减少政府直接卖地收入，但政府通过征收集体建设用地流转相关税收，也可以形成重要的财力来源。同时，城市土地价格下降带来的住房成本支出下降，使更多进城农业转移人口可以买得起房、住得下来，不仅带来城市消费增长，也可以让政府大幅度节省保障性住房开支（陶然，2012）。

归纳而言，尽管农村集体建设用地与国有土地同等入市流转是发展的大趋势、改革的大方向，但农村集体建设使用权流转是一项涉及面广、外部影响大的系统工程，推进农村集体建设用地流转，需要处理好"三个关系"：其一，推进土地市场"双向放开"，统筹解决农业转移人口进城过程中农村集体建设用地剥离盘活和城镇工商资本、城镇居民下乡的合理用地需求。其二，协调利益分配"两重关系"，统筹协调集体建设用地流转收益在政府、开发商和集体之间的收益分配以及在集体经济组织成员内部的收益分配。其三，打通国有和集体土地"两个市场"，统筹直接就地入市和置换后转移入市。

与此同时，还需要做好一些基础性工作：一是做好农村土地确权颁证。加快开展农村地籍调查，建立农村地籍档案和城乡统一的房屋登记簿，推进农村集体建设用地使用权和农民房屋所有权确权登记颁证，保障土地所有者和使用者合法权益。二是做好农村集体建设用地使用权流转潜力测算。加强建设用地使用权流转潜力测算指标体系研究，系统评估集体建设用地使用权流转的影响。三是做好村庄规划编制。适应农村人口转移和村庄变化趋势，结合国土空间规划、生态环境保护规划等，规范引导农村住宅和居民点布局，从严控制村庄建设用地和宅基地用地规模。

第九章

农地金融：农村土地资本化的有益探索

　　农村土地金融是土地与资本要素组合配置的有效形式，是激活农村土地资源资产的重要途径。随着我国农村土地产权制度的逐步明晰化和权利束的进一步分离，发展农村土地金融的条件逐渐成熟。适时规范发展农村土地金融，必将为乡村振兴引入更多外部活水。

　　当前中国"三农"问题的根本出路在于生产要素的现代化和要素组合配置关系的优化。由于存在城乡二元制度障碍，长期以来农村土地要素和资本要素结合并不紧密，土地资产和资本属性被严重抑制。近年随着制度改革不断深化，以土地要素为核心的农村生产要素重组正在更大范围和更深层次开展，已经并将进一步深刻改变城乡产业和空间形态。新形势下深入推进农村土地制度改革，如果没有资本要素参与，大量土地"沉睡资产"将无法激活。发展农村土地金融，不仅是深化土地制度改革的重要内容，也是农村金融深化的重要环节。目前农村土地金融在我国法律和政策层面并没有被完全认同，存在诸多争议，但实践中农村土地金融探索异彩纷呈，由于相关理论认识和制度设计不足，自主发展中蕴藏诸多风险隐患。本章重点分析农村土地集体所有制条件下土地金融发展的可行性以及相关衍生风险，以期对深入推进农村土地金融发展有所裨益。

一　农村土地金融的概念与主要模式

　　关于农村土地金融的概念，学界存在三种不同观点：一是把农村土地金融等同于土地信用，将其视为一种担保品或抵押品进行货币或信用资金融通活动，这种定义偏于狭义。二是认为农村土地金融不仅指以农村土地抵押为特征的农业中长期信用，还包括次级的土地证券化过程，如土地债券、信托等。三是认为农村土地金融是指围绕土地开发、改良、经营等活动而发生的筹集、融通和结算资金的金融行为，这种定义比较宽泛。我们关于农村土地金融概念的定义偏向广义，即认为农村土地金融是以农村土地为融资核心和目标的资金融通和信用活动的总称。① 大体而言，农村土地金融主要有土地信用合作社、土地流转信托、土地抵（质）押贷款、土地证券化等几种模式。

（一）土地信用合作社

土地信用合作社将金融部门存贷机制引入土地流转过程，主要做法是：有土地流转意向的农户，将不耕种的土地"存入"合作社，合作社给予一定利息，即土地存入费。合作社对存入土地进行整合，对外发布土地流转信息，需要承租土地的经营者支付一定费用从土地信用合作社中"贷出"土地。土地信用合作社俗称"土地银行"，但并不是通常意义上的金融机构，实际上是一个土地托管机构或土地流转交易平台。土地信用合作社模式是农村土地金融的初级形态，货币化和信用化程度较低，难以根本解决农民资金需求。

图 9 - 1　农村土地信用合作社运作流程

（二）土地流转信托

土地流转信托是指信托服务机构接受土地权利人委托，按照土地使用权市场化要求，将土地使用权在一定期限内依法、有偿转让给其他公民或法人进行开发经营。土地流转信托将信托制度引入土地流转

---

① 农村土地金融在中国并不是新生事物，20 世纪 30 年代中期江西、安徽、河北等地就开展了农村土地抵押试点，1941 年中国农民银行发行土地债券，土地金融正式拉开序幕，但新中国成立后农村土地金融基本处于停滞状态，尽管 1988 年贵州湄潭县开展过试点，但总体进展比较缓慢。

过程，利用其财产隔离、财产保护和财产管理功能提高土地流转效率，给农村带来新的融资工具，推动了金融资本向农业农村流动。目前中信信托、北京信托、中建投信托等推出的土地流转信托已有十多款。土地流转信托模式面临的主要挑战是如何缓解信托短期盈利需求和农业回报长周期之间的矛盾。

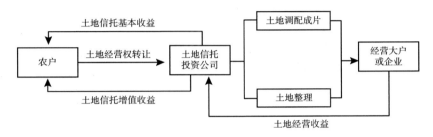

图 9 - 2　土地流转信托运作流程

（三）土地抵（质）押贷款

土地抵押贷款是指借款人将合法取得的耕地经营权或宅基地使用权作为债权担保而获得的抵押贷款。实践中有直接抵押和间接抵押两种类型：直接抵押即借款人在不改变土地所有权性质和用途的条件下，将农村土地承包经营权或宅基地使用权作为抵押担保，直接向金融机构申请贷款的行为。间接抵押主要包括土地收益保证贷款，借款人自愿将土地承包经营权或宅基地使用权流转给第三方，第三方向金融机构出具愿意与农户共同偿还借款的承诺，金融机构按照统一的贷款利率，向农户提供贷款。农村土地抵押贷款模式主要解决了长期以来农民缺少抵押品、资金融通难的问题，但能否顺利处理抵押物是这种模式存在的主要风险。

（四）土地证券化

土地证券化是以土地抵押贷款和土地收益为担保发行证券的过

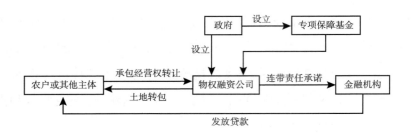

图 9 - 3 土地抵（质）押贷款运作流程

程。实践中土地证券化有两种模式：一是基于农地抵押贷款证券化。农民将土地抵押给金融机构申请贷款，金融机构将土地抵押贷款委托给投资银行，投资银行将贷款进行组合对外发行证券并获得资金。二是土地收益权证券化。组建由农民以土地承包经营权入股的土地股份公司，土地股份公司根据合同，授权统一经营入股土地，并以土地经营的预期收益作为基础对外发行证券融资。农村土地证券化是农村土地金融比较高级的模式，对降低土地经营风险、拓宽农业融资渠道具有重要意义。

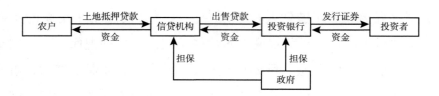

图 9 - 4 农地抵押贷款证券化流程

二 我国农村土地金融发展基本逻辑

（一）土地金融发展的基本条件

按照金融经济学的一般理论，土地金融制度的产生至少包含三个基本要件，即土地产权边界清晰、具有市场价值和存在资产转化平台，三者之间相互作用，促进土地产权的金融化，实现土地资源、资产、资本属性"三位一体"。同时，土地金融制度的衍生和金融体系"市场失灵"，离不开政府干预，需要政府积极作为，形成政府与市场的良性互动。

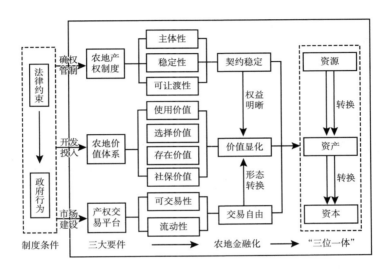

图 9 – 5　农村土地金融发展的逻辑框架

1. 产权边界、契约稳定与农村土地金融

产权是流转和交易的基础，是资源得以合理配置的逻辑起点。[①] 产权明晰是一项资产能够资本化的前提，任何资产只有包含完整确定的权利，才能通过流转实现其资产价值和收益。[②] 只有产权界定清晰，产权主体才能通过要素市场自主实现出租、有偿转让，或者进行资产重组、抵押、质押取得贷款等，产权交易契约才能保持稳定。土地产权制度是

---

① 曲福田、田光明：《城乡统筹与农村集体土地产权制度改革》，《管理世界》2011 年第 6 期。
② 黄韬：《论农村土地集体产权资本化流转》，《农村经济》2008 年第 3 期。

农村土地金融制度建立和赖以存在的基础。长期以来，一直存在私有产权和公有产权的优劣之争，目前各方基本形成共识，即认为只要产权清晰，所有权并不是最重要的。虽然土地金融发源于土地私有制国家，但土地私有并不是发展农村土地金融的必然条件，在土地集体所有的前提下，只要产权是清晰和稳定的，农村土地金融发展就具备基础。

大体而言，明确完整的农村土地产权应该包括以下几个方面：一是土地产权的主体性。土地产权得到明确而严格的界定，权利主体能够拥有资产控制权，清楚知晓自己拥有的和他人不能侵犯的产权边界，只有这样产权交易才具有确定性和可预见性。二是土地产权的完整性。只有具备占有、使用、支配、转让和继承等完整的土地产权关系，土地才真正具有资产性质及其产权的可交易性。三是土地产权的可让渡性。产权拥有者可将产权再安排给其他人，即产权的二次和多次流转，构成土地产权的各项权利，以及设定在土地上的他项权利都能单独地进行交易和转让。

2. 交易自由、市场定价与农村土地金融

在马克思看来，当土地具有带来收益的权利能够进入市场流通并进行自由交易的时候，土地权利才能资本化。如果土地收益权利无法自由交易，资产性价值无法兑现，土地资产金融化就难以实现。一般来说，主要取决于两个方面：一是土地资产的可交易性和流动性。资产流动性是指资产的实物形态与价值形态的可转换性，如果资产没有流动性，资产也就没有效益性。可交易性差的资产很难金融化，流动性不足的资产无法准确定价，因此难以作为金融化的基础。[①] 二是土地产权交易市场发育程度。土地资产的增值或减值必须进入市场，通

---

① 黄少安、赵建：《土地产权、土地金融与农村经济增长》，《江海学刊》2010 年第 6 期。

过土地使用权及衍生的他项权利交易，为所有者带来预期收益、产生增值，土地资产才能转化为土地资本。土地产权交易市场和平台的建设对农村土地金融发展至关重要，如果没有健全的土地产权交易市场，土地资产的各种财产权利就很难自由交易，土地资产资本化就难以实现或者成本代价过高。

3. 土地价值、资本化与农村土地金融

金融的核心是跨时间、跨空间的价值交换，金融交易是价值或者收入在不同时间、不同空间之间进行配置的交易。[①] 农村土地金融是一个将土地资产凭其收益转换成资产现期市场交换价值的过程，土地价值对资本化过程至关重要。土地价值与其他商品价值有共同之处，其特殊性在于价值的历史积累性、外部性、增长性和空间差异性。[②] 按照英国经济学家皮尔斯（D. Pearce）的观点，土地价值由实际使用价值、选择价值、存在价值等三部分组成，实际使用价值是土地在使用期限内预期收益经过贴现计算的现值；选择价值是指土地的潜在收益价值，表现为保护土地资源的偏好或支付意愿；存在价值是指保持土地的自然景观和生态系统的功能和效用。在我国农村土地价值体系中，除上述三种价值外，土地还具有社会保障价值，承载着农民就业、养老等功能。土地价值多样性，事实上为农村土地金融业态的创新提供了条件。目前关于农村土地金融的讨论，更多集中在土地实际使用价值的交换上，随着技术进步和土地稀缺性增强，围绕土地其他价值的金融创新将会越来越多见。

---

① 陈志武：《金融是什么》，《南方周末》2009 年 8 月 6 日。
② 段正梁、张维然、叶振飞：《论土地价值的内涵、来源及其特殊性》，《同济大学学报》（社会科学版）2004 年第 2 期。

（二）我国农村土地金融发展的可行性

1. 土地承包关系长久化和确权颁证为农村土地金融发展奠定了产权基础

改革开放以来，我国实行了以所有权和承包经营权"两权分离"为主要内容的农村土地制度改革，土地产权关系得到调整优化，但产权关系并没有根本理顺，土地所有权主体虚置，农户土地承包经营权经常被调整、极不稳定，产权体系划分不清，权能不完整，产权管理、登记等缺乏规范。农村土地产权的不确定和不稳定，导致农村土地流动性不足，土地交易成本过高。近年来我国以产权关系调整为核心的新一轮农村土地制度改革不断深入推进，特别是所有权、承包权、经营权"三权分置"制度的实施，为农村土地金融的发展奠定了良好基础。

一是农村土地承包关系长久化，有利于产权交易契约的稳定。实行家庭联产承包责任制以来，为提高农村土地承包的稳定性，维护农民利益，国家不断延长土地承包经营权期限，但农民的预期并不稳定，一定程度上阻碍了农村土地流转。为了从根本上稳定土地承包关系，党的十七届三中全会《中共中央关于推进农村改革发展若干重大问题的决定》提出，"赋予农民更加充分而有保障的土地承包经营权，现有土地承包关系要保持稳定并长久不变"。土地承包关系长久化让农民有了更加稳定的产权，土地经营者有了更加长远的预期，使土地具备了市场交换的产权条件，增强了土地金融产权交易契约的稳定性。截至 2017 年底，全国家庭承包耕地流转面积达到 5.12 亿亩，占家庭承包经营耕地总面积的 37%。

二是农村土地确权颁证推进，有利于土地产权边界明晰化。近年来，农民土地使用权主体地位更加明确，但农民土地物权缺乏有效保障，村集体与农民之间、村民之间的土地产权关系没有明晰化，导致农民土地收益权缺乏稳定性，也制约了土地资本化。基于此，农村土地承包经营权、集体土地所有权确权颁证等积极推进，力图进一步明晰和确认村集体、农民与土地的产权关系，这为农村土地产权的市场化流转和利益合理分配提供了基础条件。2013年中央一号文件提出，用五年时间基本完成农村土地承包经营权确权登记颁证工作，妥善解决农户承包地块面积不准、四至不清等问题。截至2018年底，我国完成承包地确权登记面积14.8亿亩，占承包地实测面积的89.2%，30个省份已报告基本完成。[①]

三是农村土地"三权分置"，有利于土地产权金融化。近年来，随着农村劳动力的流动和农业生产组织方式的变化，农村土地承包权主体与经营权主体发生分离的现象日趋普遍，对农村基本经营制度提出了新的要求，如果不完善土地产权关系，容易动摇农民对长期拥有土地承包权的预期，也难以反映土地流转后相关主体权利义务关系变化的实质。[②] 为此，中央和地方积极开展土地所有权、承包权、经营权"三权分离"探索，2013年中央农村工作会议提出"落实集体所有权、稳定农户承包权、放活土地经营权"；2016年中办、国办印发《关于完善农村土地所有权承包权经营权分置办法的意见》，明确提出将土地承包经营权分为承包权和经营权，实行所有权、承包权、经营权"三权分置"并行；2018年中央一号文件明确提出探索宅基地所有权、资格权、使用权"三权分置"。"三权分置"明晰了土地权能，为农村土地资源在更大范围内优化配置

---

① 《去年完成承包地确权登记面积14.8亿亩》，人民网，2019年1月18日。
② 张海洋、李伟毅：《让"三权分离"的农地制度实至名归》，中国金融信息网（http://news.xinhua08.com），2014年1月21日。

创造了条件。

2. 土地经济价值提升和稀缺性增强为农村土地金融发展提供了价值依据

长期以来，由于缺乏合理流动性，土地只是作为自然资源而存在，农村土地价值更多地表现为实际经营价值，转让价值不高，难以资本化。随着政府管制的放松和政策支持力度加强，农村土地价值形态更加多元化，总体价值不断提升，这为金融要素进入提供了价值载体，主要表现为以下两个方面。

一方面，政策红利带动耕地经营价值提升，增强土地可交易性。近年来，国家密集出台了一系列强农惠农富农政策，大力推进现代农业发展，农业功能形态和产业链条不断拓展，特别是设施农业、休闲农业等附加值高、投资回报快的产业加快发展，提高了农业综合利润，带动了耕地经营价值和土地需求增长，利润导向下的土地规模经营比重上升。土地向新型经营主体集中，分散的土地价值得以整合，土地可交易性增强，土地抵押价值也得到提高，从而推动了土地信用合作社、土地信托、土地经营权抵押等发展。例如，针对土地分散抵押价值低、金融机构不愿开展土地金融业务等问题，浙江嘉兴在农村土地确权颁证的基础上，对新型农业经营主体土地经营权进行确权，办理土地承包经营权证和他项物权证（即土地上投资建设的设施等），新型经营主体直接用土地经营权证和他项物权证到农村信用社即可进行抵押融资。这种模式得以运转，在于土地预期收益以及经营权集中处置的便利性。截至 2018 年 8 月，嘉兴全市土地承包经营权抵押贷款累计 558 宗，累计贷款总额达到 15 亿元。

另一方面，城乡资源交换推动农村宅基地价值提升，市场潜在需求增长。随着我国城镇化和工业化进程加快推进，城乡土地需求不断增长，土地资源日益稀缺，农村宅基地的价值不断提升。以重庆"地票"为例，通过对农村宅基地的复垦和指标交易，宅基地的价值得到显著提高。尽管不同部门和学者对农村宅基地使用权价值的测算差异较大，但大多达到几十万亿元。如徐有俊测算，[①] 我国农村宅基地包括附属设施的价值达到 35.7 万亿元，宅基地使用权的交易潜力很大。农村宅基地使用权交易价值的提升，为抵押融资和市场化利用奠定了基础。

3. 政策管制放松和产权市场体系建设为农村土地金融发展创造了交易条件

长期以来，基于土地对农民生产、生活和就业的重要意义，政府对农村土地流转进行了严格限制，农村产权交易市场发展滞后，农村土地交易性和流动性不足。近年来，国家对农村土地的管制政策不断松绑、农村产权市场体系逐步发育，土地可交易性和流动性增强，使农村土地资本化成为可能。

一是政策管制逐步放松，农村土地可交易性提高。按《物权法》规定，土地承包经营权属于用益物权，其物权属性已经比较完备，但为防范农民破产及引发社会问题，《担保法》对耕地、宅基地等集体所有的土地使用权进行抵押做了限制，相关政策对土地交易存在管制，导致土地承包经营权物权属性残缺。近年来，国家逐步放松了管制，使土地经营收益权逐步具备了充当抵押物的确定性、可交易性及价值稳定性等特征，成为一种具有物权属性的财产性权利。[②] 2008 年以来国家先后通过部委文件形式在多地试点探索开展土地承包经营权抵押融资，2014 年中央一号文件明确提出

---

① 徐有俊：《农村宅基地何去何从？》，《证券导刊》2014 年第 4 期。
② 陈宜民、邢衍栋：《农地产权分类与资本化：枣庄农村土地经营收益权抵押贷款案例》，《金融发展研究》2010 年第 5 期。

"赋予农民对承包地占有、使用、收益、流转及承包经营权抵押、担保权能""允许承包土地的经营权向金融机构抵押融资"。关于农村宅基地，2013 年国办印发《关于金融支持经济结构调整和转型升级的指导意见》，提出探索开展农村宅基地使用权抵押贷款试点。

二是农村产权交易体系建设加快，农村土地流动性增强。近年来，一些地区农村产权交易市场建设逐渐起步，通过制定交易管理办法、实施细则、操作流程等管理制度，执行公开挂牌交易的行业准则，并推行合同范本应用、信息化等管理方式，为农村土地流转交易提供了良好的平台，发挥了集聚信息、配置资源和价格发现的功能。以武汉农村综合产权交易所为例，按照《湖北金融年鉴》相关数据，截至 2017 年底共组织各类农村产权交易 3631 宗，交易金额 199.87 亿元，涉及农村土地面积 134.98 万亩，惠及 17 万农户。同时，各种金融服务和中介服务快速发展，为农村土地产权交易流转了创造积极条件。据农业农村部统计，截至 2016 年底，全国共有 1302 个县（市）、18210 个乡镇建立了土地流转服务中心。

三是农村土地社保功能弱化，资产变现能力强化。长期以来，农村土地是农民主要谋生手段、养老保障以及农民工的失业保障，承载着就业、养老等多重压力。为了防范土地权属变动带来的农民失业和生存风险，政府对农村土地流转、土地抵押贷款等存在一定限制，金融机构在贷款人违约后无法及时有效处置抵押品，农村土地资产变现能力较差，制约了金融机构开展土地金融的积极性。近年来，随着城乡人口流动性增强，农村社会保障体系不断完善，农村土地社会保障功能弱化，土地的资产变现能力加强，这事实上为农村土地金融发展"减负"，提高了金融机构开展土地金融业务的积极性。

三 农村土地金融风险分类与风险点

（一）农村土地金融风险分类

农村土地金融形态不同，风险程度也不尽相同。我们尝试按照资本化程度和外部性大小将农村土地金融进行风险分类，确定不同形态的风险防范重点。所谓外部性，又称为溢出效应、外部影响，是指农村土地金融业务使农户和社会受损或受益的情况；资本化即产权金融化过程，主要指金融要素参与土地流转的程度。

图 9-6 农村土地金融风险分类

第一类：外部性低、资本化程度低，代表模式为农村土地信用合作社。土地信用合作社属于农民合作组织，参加农户数量比较有限，风险外部性不大。土地资本化程度很低，衍生风险较小。发展土地信用合作社的风险主要是土地租金偿付风险，包括合作社运营风险和"贷地"经营户"跑路"风险。目前我国农民合作社数量不断增长，但大多数内部管理机制不健全，"休眠社""空壳社""挂牌社"很多，存在较大风险隐患。同时，"贷地"后进行规模化经营存在一定风险，因经营失败或套取补贴后"跑路"的现象屡有发生，导致农户租金损失。防范农村土地信用合作社发展风险，重点应加强土地信用合作社内部机制建设和规模经营户的监管。

第二类：外部性低、资本化程度高，代表模式为农村土地产权抵押，包括农村土地承包经营权和宅基地使用权抵押。土地抵押融资一般发生在个体或合作组织与金融机构之间，参与主体比较少，风险外部性有限，但土地资本化程度较高，衍生风险较大。发展土地产权抵押融资的风险主要是政策法律风险和抵押品处置风险。农村土地承包经营权和宅基地使用权抵押缺少法律依据，政策预期不稳定，存在无效风险。由于农村土地流转政策管制严格，真正的产权交易市场并没形成，土地处置变现威胁不可置信。为了规避风险，金融机构会引入其他主体，如政府或村集体担保，一旦发生风险可能向其他主体传导。防范农村土地产权抵押风险，重点在于完善土地产权抵押相关法律法规，搞好农村产权市场建设。

第三类：外部性高、资本化程度低，代表模式为农村土地流转信托。土地流转信托的土地规模一般比农村土地信用社要大，涉及农户数量更多，风险外部性较大，但土地资本化程度不高，衍生风险不大。与土地信用合作社类似，发展土地流转信托的风险主要是信托机构的经营风险。信托服务组织的收益主要来源于土地流转增值收益，但土地集约化经营存在风险，收益具有不确定性。防范农村土地流转信托风险，重点在加强信托服务组织的扶持和监管。

第四类：外部性高、资本化程度高，代表模式是农村土地证券化。农村土地资产证券化涉及的农户数量较多，同时包括投资银行、会计师事务所、信用评估机构和评级机构等诸多主体，风险外部性较大。而且，土地资本化程度高，衍生风险较大，可能导致连锁金融风险。由于我国资本市场发育还不成熟，资产证券化链条的过度拉长可能带来巨大的经济风险。防范农村土地证券化风险，重点在于加强土地证券化法规体系和信用担保、信用评估体系建设，加强规制监管。

（二）发展农村土地金融的主要风险

发展农村土地金融不仅有市场风险，还有不可控的自然灾害风险甚至社会稳定潜在风险，需要对这些风险点进行识别，我们可以从政府、金融或中介组织、经营户三个层面来考察。

1. 金融组织或中介组织：政策风险与经营风险

农村金融发展离不开金融组织或中介组织，但在法律层面没有明确认可、政策支持存在不确定性的条件下，发展农村土地金融业务对这些组织而言有一定风险，这是目前农村土地金融发展不快的主要原因之一。

（1）政府管制与法律风险

在现有法律框架下，土地产权抵押缺乏法律保护，存在法律风险，容易导致农村产权交易市场效率损失。在刘奇看来，[①] 如果没有法律的认可和支持，不同形式的农村土地金融探索和创新，只能是暂时性的治标之策，难以获得长久生命力。同时，尽管政府积极推进农村土地确权颁证，但确权并没有完全解决土地所有权主体事实缺位的问题，而且土地承包经营权长久不变缺乏具体实现形式，许多地区事实上仍按照二轮承包期进行土地流转，存在一些风险。林乐芬、王军对浙江 51 个农村金融机构分行和支行行长的调查发现，分别有 74.51% 和 68.63% 的受访者认为相关法律法规不健全是制约农村金融机构开展承包地抵押和宅基地抵押的主要障碍。[②]

---

① 刘奇：《农村抵押贷款的困境》，人民网，2014 年 5 月 8 日。
② 林乐芬、王军：《农村金融机构开展农村土地金融的意愿及影响因素分析》，《农业经济问题》2011 年第 12 期。

表 9 - 1　农村金融机构对开展各土地金融业务主要障碍的看法

单位：%

项目	抵押权认定和评估问题	相关法律法规不健全	抵押品处置风险	地方政策导向变更风险
承包地抵押	47.06	74.51	62.75	21.57
宅基地抵押	43.14	68.63	70.59	19.61
土地股权抵押	47.06	68.63	45.10	57.06

　　资料来源：林乐芬、王军：《农村金融机构开展农村土地金融的意愿及影响因素分析》，《农业经济问题》2011 年第 12 期。

（2）经营户信用违约风险

　　农业是自然风险和市场风险叠加的产业。由农业生产导致的信贷的不确定性，除了资金借贷违约风险之外，还受到不可抗力的自然风险的制约。[①] 目前农业保险涉及的种类和补偿额度还很有限，一旦因自然灾害或经营管理失误造成经营失败，经营户无法正常经营还款，农业经营风险会向金融机构传导进而引发信用风险，给金融机构带来较大损失。为此，金融机构往往会提高贷款利率来规避风险，导致经营户融资成本过高。例如，在重庆农地抵押过程中，金融机构对土地承包经营权抵押贷款采用的利率往往在基准利率基础上上浮 50% 左右，担保公司收取的担保费等费用为贷款额的 2.4% ~ 3.6%，合计下来总贷款费率在 13% 左右。[②] 同时，农村土地金融需要诚实守信的环境，但目前农村信用体系还很不健全，个人信用档案和记录系统也不完善，由此可能带来道德风险。部分农民契约意识和法制观念不

---

① 刁怀宏：《信息不对称、风险规避与农地金融合约——基于农户与贷款者的分析》，《中央财经大学学报》2005 年第 9 期。

② 农业部百乡万户调查活动信息宣传组：《重庆：土地承包经营权抵押贷款政策为何难落地》，中华人民共和国农业农村部（http://www.moa.gov.cn），2014 年 4 月 23 日。

强，当市场价格或其他因素发生变化时，合同不到期就要收回土地，或要求增加土地租金，导致合同违约纠纷多，土地信用合作、土地信托等业务中断。

（3）抵押品处置变现风险

由于缺乏政策法规依据，抵押物处置难以通过法律手段强制执行，成为一种不可置信的威胁，经营户缺乏按期偿贷的积极性。同时，土地流转市场不健全，且土地经营权流转不能改变土地集体所有权性质和农业生产用途，一旦经营户出现贷款违约，金融机构处置抵押的土地经营权难度较大，很难通过及时转让承包经营权来减少贷款损失，易形成信贷风险。对农村宅基地而言，法律禁止抵押，而且宅基地只能在集体经济组织成员之间流转，造成宅基地使用权处置更加困难。林乐芬、王军的调查中，分别有 62.75% 和 70.59% 的受访者认为抵押品处置风险是制约农村金融机构开展承包地抵押和宅基地抵押的主要障碍。[1] 兰庆高等对辽宁法库县 305 名基层农村信贷员的调查，有 235 人认为在农户无法还款时金融机构实现抵押权很难，其中 187 人认为金融机构不可能从农户手中取得土地权利，即"不归还贷款，就收回并变卖土地"的压力和威胁对农户来说是不可实现的。[2] 金融机构的贷款风险较大，需要进行风险分担，但目前相关风险分担机制并没有建立起来。尽管土地产权交易有形市场建设在加快推进，但农村土地抵押担保体系、价值评估体系等还比较滞后。

---

① 林乐芬、王军：《农村金融机构开展农村土地金融的意愿及影响因素分析》，《农业经济问题》2011 年第 12 期。

② 兰庆高等：《农村土地经营权抵押贷款意愿》，《农业经济问题》2013 年第 7 期。

表 9 – 2　金融机构对实现土地抵押权难易程度的看法

单位：人次

土地对农民有无生存保障			收回土地的难易程度			
有	无	不清楚	很难	一般	不难	不清楚
295	10	0	235	10	20	40

资料来源：兰庆高等：《农村土地经营权抵押贷款意愿》，《农业经济问题》2013 年第 7 期。

2. 政府层面：担保风险与社会风险

由于目前农村担保体系不健全，为了规避风险，金融机构或中介组织一般要求政府出资组建相应担保机构（或村集体）进行担保或建立担保基金，当贷款人出现违约行为时，政府需要偿付担保损失；部分贷款人考虑到政府提供担保，甚至会出现不愿偿债的情况。同时，一直以来政府在推动农村土地金融发展方面进展缓慢，主要担心开展农村土地承包经营权和宅基地使用权抵押后，当贷款人无法清偿债务时，金融机构将会获得土地经营权和住宅的产权转让处置权，可能造成农民居无定所或生计困难，特别是当经济减速时外出务工人员失业回流农村后无地可种，进而带来社会稳定问题。这种担忧尽管低估了农民的理性，但也并非毫无道理。在当前农村社会保障制度尚不健全、农业转移人口市民化进程不快的情况下，农民"失权失地"后缺乏就业生活保障，的确可能出现农民生活困难的情况。在一些地区，政府采取整村流转模式推进土地信用合作社等发展，不少农民土地被流转、被抵押，带来不少社会风险隐患。

3. 农户层面："失权失地"风险和价值剥夺风险

一方面，农村土地金融涉及农村土地承包经营权、宅基地使用权流转，一旦发生较大的农业生产经营风险或其他风险，经营者在抵押期内无法偿还贷款，金融机构就会按照约定取得农村土地承包经营权和宅基地使用权，可能造成"失权失地"。另一方面，无论是将土地承包经营权和宅基地使用权作为信贷抵押资产还是证券化，必须以其经济价值的量化作为前提，需要对其自身价值进行科学准确评估。[①]由于政府对农村土地承包经营权和宅基地使用权金融化存在诸多限制，市场价格形成机制不健全，土地价值专业评估机构和科学合理的评估标准缺乏，导致土地使用权价值评估主观判断成分较大，银行业机构难以准确认定土地承包经营权和宅基地使用权的实际价值，价值低估、错估等现象客观存在，评估价值往往低于土地使用权实际价值，造成农民利益被剥夺。

四　农村土地金融风险防范的经验启示

一些国家高度重视农村土地金融发展，将其纳入国家金融体系建设的重要内容，在法律法规保障、金融机构建设、金融产品设计等方面已经形成了较为完善的体系，主要有以下几个方面。

（一）健全法律法规体系进行扶持和规范

健全的法律法规是建立农村土地金融制度的基本前提。一些国家通过出台法律法规的方式，在扶持农村土地金融发展的同时，对其进行规范管理，为农村土地金融各类参与主体提供法律保障。例如，美国通过《联邦农业贷款法》《农业信用法》等，对农村土地金融贷款的运行操作方式、贷款用地、对象和期限利率等作出了详尽的规定，为开展相关业务创造了良好的法律环境。德国为了加强农村土地抵押

---

① 韩莉：《试论新型城镇化下的农地金融发展》，《改革与战略》2014 年第 3 期。

权的安全性，在成立土地抵押贷款机构之前，制定了较为完备的法律，如《抵押权及破产令》《抵押权法令》等。日本政府制定了《农业协同组合法》《农地法》《农林渔业金融金库法》《农业信用保证、保险法》《农业信用基金协会法》等法律法规，有效保障了农村土地抵押贷款参与者的合法利益。

（二）政府强力支持降低金融机构经营风险

农村土地金融业务兼具商业金融和政策金融的双重属性，多数国家对农村土地金融发展都给予了大力支持，用以降低金融机构经营风险。

一方面，政府在财政上给予农村土地金融机构强有力的资金支持。例如，法国农村土地金融机构享受政府从农业预算中拨付的大量贴息资金；日本大藏省的"财政投融资特别会计窗口"负责把邮政等金融机构筹措的资金集中起来，再转借给农村土地金融机构使用，如果贷款损失还可获得政府"农林渔业振兴基金会"的利息补偿。[①]同时，政府还通过直接投资或购买股份方式，全部承担或部分充实土地金融机构资本金，例如，日本农林渔业金融公库资本金全部由日本政府借拨，劝业银行多数股本由政府认购，政府还专门拨款支持其支付股息。

另一方面，部分国家还针对农村土地金融机构制定了税收优惠等特殊政策，例如，美国允许联邦土地银行债券、票据持有者免缴州所得税和地方所得税，联邦土地银行除自身所有的不动产需缴税外，免征其他一切税收；法国政府对农业信贷银行实行税收减免政策，土地信贷银行享受向中央银行缴存的法定准备金低于其他银行的优待。日本在农协金

---

① 李延敏、罗剑朝：《国外农地金融制度的比较及启示》，《财经问题研究》2005 年第 2 期。

融设立初期，免征营业税、所得税和固定资产税，允许分红计入成本，目前农协享受22%的税率优惠（普通法人的税率为30%）。

（三）健全组织体系降低交易成本和信用风险

金融活动必须依靠相应的组织体系来完成，建立农村土地金融制度必须解决组织体系构建问题。主要发达国家农村土地金融参与主体比较多元，不仅包括政策性土地银行、商业银行、民间私人银行等金融机构，还包括农村土地评估机构、农业保险机构、农业信托机构等配套机构，多元主体广泛参与农村土地金融业务，降低了土地金融的信用风险，丰富了资金来源。例如，德国除土地抵押信用合作社外，还有土地抵押信用协会、土地信用银行、地租银行、德国农业中央银行等主体；美国除联邦土地银行外，还有股份土地银行、农业贷款合作社、联邦农业抵押公司等主体。日本除农林渔业公库外，还建立基层农协中的信用合作组织、都道府县的信用联合会和中央的农林中央金库，它们都具有独立融资功能。

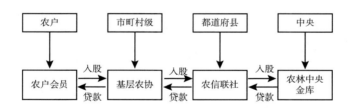

图9-7　日本农村土地金融组织体系

同时，由于农业生产的地域性和土地利用的分散性，土地抵押品的观察测量、分等评级估价、款项发放与收回以及用途的规定和管制需要耗费大量时间和人力，[①] 土地银行直接开展业务交易成本

---

① 朱海军：《福建农地金融制度构建研究》，福建农林大学硕士专业学位论文，2009。

比较高，而通过合作金融组织这类借款者自己的组织负责相关业务和信用监督管理，可以降低信用风险和提高制度效率，因此许多国家都十分重视合作金融组织建设，使其成为农村金融组织体系的重要组成部分。例如，德国的土地抵押信用合作社、美国的联邦土地银行合作社、日本的农业协同组合等，都是合作金融组织的典范。

（四）强化风险监管和分担机制建设

一些国家通过不断加强监管力度，完善配套制度等来降低农村土地金融风险。一是完善监管体系。美国对农村土地金融机构采取了不同于商业银行的管理模式，专门设立了包括监管机构、行业自律协会、资金融通清算中心和互助保险集团在内的金融管理体系，联邦政府对合作金融业的存款统一实行强制保险。日本政府对农村土地抵押融资实施政府金融部门和中央政府、地方政府农林部门双重监管。德国建立了严格的审计监督、风险防控与自我保护系统，联邦金融监察局和联邦中央银行作为国家行政性质的监管部门，对农村土地金融业务进行监督管理，德国信用合作联盟为全国所有合作银行开展培训和审计工作，另外还建立了专供农村合作金融组织使用的资金清算、融通系统，保证了资金的安全性、流动性和收益性。二是健全信用保证和保险制度。例如，德国政府授予土地抵押信用合作社发行债券筹集信贷资金并担保还本付息，印度联邦政府保证土地银行发行的特别农村债券的还本付息。日本通过建立农业信用保证与保险制度，形成了较为完备的土地金融风险防控机制，如"存款保险防控机制""农村信用保险防控机制""相互援助机制"。三是健全配套制度。例如，为应对农业经营风险，日本实施了农业共济保险制度，投保户按一定的比例向共济组合缴纳共济费，共济组合将共济费向县级共济联保险，县级共济联再向国家级的全共联进行再保险，由此形成了三级农业共济保险运行机制，降低了农村金融机构的经营风险。

表 9 – 3 部分发达国家土地金融制度比较

项目	美国	德国	日本
成立背景	20 世纪初，以农产品过剩为特征的农业危机频频发生	18 世纪下半叶，农业生产受高利贷盘剥严重	19 世纪末，土地资源缺乏，农业发展面临困境
土地金融机构	农业金融管理局→联邦土地银行→农业贷款合作社	土地联合合作银行→土地抵押信用合作社	农林渔业金融公库、信用联合会
资金来源	政府拨款、发行土地债券、留存收益	以土地为联合担保品发行土地债券	政府拨款、发行土地债券
主要业务	发行农地信贷业务	农地信贷业务，帮助农民购买土地、开垦土地等	提供农林牧渔相关抵押贷款
风险补偿和分担机制	对土地抵押贷款进行二次担保和土地债券金融机构之间流通	政府授权发行债券，并以各地土地为联合担保品。债券流通不受地域限制	贷款损失由"农林牧渔振兴基金会"负责补偿

资料来源：杨雪、王永聪：《当前我国农村土地金融研究述评》，《农村金融》2013年第 11 期。

五 促进农村土地金融规范发展

理论和实践均已表明，土地集体所有制条件下发展农村土地金融是可行的，也是非常必要的。在当前实施乡村振兴战略的背景下，如果农村土地要素和金融要素不能有效结合，土地资源属性不能实现向资源、资产、资本"三位一体"的属性转变，城乡要素的平等交换和农业转移人口市民化进程都可能受阻，而农村土地金融无疑是必要选择。农村土地金融发展主要取决于产权制度安排、土地价值内核和价值形态转换平台。随着农村土地制度改革的不断深入，我国农村土地产权关系正在逐步理顺，土地产权的明晰化和权利束的进一步分离，奠定了产权稳定交易的基础；农村土地价值不断提升，价值形态更加多样化，提供了土地金融化的价值依据；农村产权交易市场建设起步，土地资产流动性增强，创造了土地价值转换的平台，农村土地金融发展的条件逐步成熟。

尽管如此，我国农村土地金融发展道路依然不平坦，制度的不确定性和政策管制依然是农村土地金融发展难以绕开的障碍，并衍生出了诸多风险，包括农村土地金融机构面临的政策风险、信用风险和抵押品处置风险，农户面临的"失权失地"风险和价值剥夺风险以及由此引发的社会稳定风险。

作为一项强公共性的制度安排，必须搞好风险防范和管理，否则可能出现农村土地金融机构、农户、政府等"共损"格局。一是尽快修订完善《农村土地承包法》《物权法》《担保法》等相关法律法规，条件成熟后制定出台《农村土地抵押贷款法》，加强农村土地金融法律保障。二是加快推进农村地籍调查和农村土地确权颁证，切实探索农村土地承包经营权长久不变的实现形式，进一步明晰农村土地产权关系。三是切实赋予农村集体土地与国有土地同等权利，建立城乡统一的土地交易市场。制定统一的土地价值评估指导标准，扶持发展农村土地评估机构或支持现有评估机构发展农村土地评估业务，完善土地产权定价机制。四是完善农村土地金融组织体系。短期应以农村信用合作社为主开展农村土地金融业务试点，条件成熟后探索建立土地抵押合作社，远期建立专门的土地银行，并配套建立农业信托机构等。五是完善农村土地金融发展配套政策，加快农村担保体系建设，健全农村社会保障和农业保险制度，提高保障水平和覆盖面，降低农村土地金融发展风险。

第十章

工商资本：农村经济发展新变量

. . .

工商资本下乡是我国经济发展阶段转变、农业向现代化转型、农村生产要素关系变化的必然结果，是市场利润、政策红利、圈地诱惑等共同引致的现象，是一个长期趋势而非短期热潮。对待工商资本下乡，宜"疏"不宜"堵"，应在土地流转"三个不得"的前提下，赋予工商资本进入和退出农业的自由选择权。

. . .

近年特别是国际金融危机以来，我国城市工商资本下乡现象明显增多，成为乡村建设的重要力量。工商资本大量下乡引发了社会的广泛关注，也带来"非农化""非粮化"等诸多忧虑。比如，资本从"弃农"到"亲农"，是短期热潮还是长期趋势；工商资本下乡，是市场取向还是"土地诱惑"；工商资本进入会给农业带来哪些影响，是正面效应大还是负面效应大；工商资本适宜进入农业哪些领域，该限制什么、放开什么。

一　"卢卡斯之谜"与资本回流

根据新古典经济学边际报酬递减规律，人均资本较低的地区具有较高的资本回报率，资本为追求更高回报，应大量流向稀缺的地方，直到人均资本均等化，但这与大量实证研究相悖，即所谓的"卢卡斯之谜"。据彭小辉、史清华测算，[①] 我国农村资本收益率明显高于城市，且两者差距随时间呈"剪刀"状不断扩大，但农业和农村资本大量向城市和工业流动，存在"卢卡斯之谜"，并将之归因于城乡人力资本差异、制度环境差异、农村金融市场不完善、城乡基础设施建设差异。近年来，工商资本大量下乡，在一定程度上是农业制度优化、农村人力资本提升、金融市场完善、基础设施改善的结果，但根本原因在于农业属性变化和报酬率提升，是资本追逐收益率最大化的结果。

按照戴尔·乔根森和费景汉与古斯塔夫·拉尼斯发展形成的二元经济理论，在发展早期阶段，农业生产剩余随着劳动力转移同时被转移到

---

① 彭小辉、史清华：《"卢卡斯之谜"与中国城乡资本流动》，《经济管理研究》2012 年第 3 期。

非农业部门作为发展资金来源。但随着劳动力持续转移，农产品边际价值会逐步上升，上升到零以上的这一刻称为"短缺点"，在这一点上一个劳动者从生存部门向工业部门的转移将不再产生相应剩余以支持他在工业部门的消费。随着农村劳动力的进一步转移，农产品边际价值会超过制度确定的农业部门工资率，这一临界点称为"商业化点"，农业部门与工业部门的工资率相等。目前工商资本从非农部门回流农业部门，是我国农业发展超过"短缺点"后，劳动—土地要素关系改善引致的农业生产率提高和农产品需求、价格变动带来的农业投资报酬提高共同作用的结果，不仅与我国发展阶段和发展战略转变后制度、市场等外部条件改变有关，根本在于劳动力转移后农业生产要素关系、农业基本属性等影响资本收益率的内在因素发生了变化。

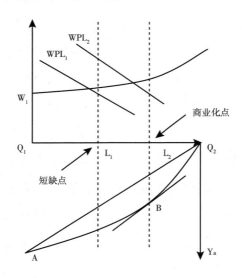

图 10 – 1　动态二元经济模型

（一）人地关系优化促进农业资本深化

人口增长对资本积累具有重要影响。对同一初始的资本存量而言，较少人口的经济将拥有正的资本积累率，进入高水平的动态过程，相对较多人口的经济，将趋向一个较低水平的动态过程。[①] 我国人口总量大，农村人地关系长期高度紧张，资本回报率较低，导致资本积累速度较慢。人地关系失调不仅蚕食了维持农民家庭生计以外的剩余，使农户难以积累资本，也将传统农业推到一个很高的集约化水平，对新式投资产生抑制作用。近年来，随着我国农业劳动力持续大规模向外转移，农村土地的人口承载压力下降，土地流转和规模化经营空间增加，有利于提高农业生产率。同时，由于劳动力供给出现转折性变化，农村劳动力成本上升，带来农业生产节约劳动的取向，资本对劳动力的替代性增强，推动了农业资本深化。

（二）制度调整的边际激励和风险激励

正如诺斯所言，[②] 制度是个人与资本存量之间，资本存量与劳务产出及收入分配之间的过滤器。诺蒂安也认为，[③] 完善的制度结构伴随着更高的资本流入，而坏的制度结构意味着更少的资本流入。近年来我国农业制度和政策的调整产生的"制度红利"，是吸引工商资本进入的重要原因。一般而言，产业政策具有规模激励、边际激励和风险激励功能，会影响企业投入产出规模水平、投入产出的边际水平和风险水平。[④] 进入 21 世纪以来，国家持续加大对农业的支持力度，在农业制度安排上从被动的适应性调整转变为主动的政策设计，连续多年出台了一系列强农、惠农政策，对改善农业基础条件、提高农业

[①]　姚洋：《高水平陷阱——李约瑟之谜再考察》，《经济研究》2003 年第 1 期。

[②]　道格拉斯·C. 诺斯：《制度、制度变迁与经济绩效》，杭行译，上海三联书店，2008。

[③]　Lothian, J. R., "Institutions, Capital Flows and Financial Integration", *Journal of International Money and Finance*, 2006.

[④]　江海潮：《产业政策激励、产业剩余分配与产业政策效应》，《产业经济评论》2007 年第 12 期。

产出效率、降低农业生产风险等产生了积极作用，吸引了部分工商资本的进入。同时，中央和地方政府积极推进土地流转，支持新型经营主体开展土地适度规模经营，为工商资本进入农业领域提供了契机。此外，从事农业产业化的企业享有所得税减免、出口退税以及其他税收优惠政策，在农业项目审批、用地、融资等方面也享有优惠政策，这对国内外工商资本产生了较大吸引力。

（三）价值链拓展提高农业资本回报率

传统农业产业链条较短，局限于初级农产品生产，基本是生产什么就出售什么，产业利润率较低，对资本的吸引力不足。相比而言，现代农业是一种开放的农业形态，产业链条较长，资本回报率较高，对资本的吸引力更强。近年来，在国家政策支持、科技进步等共同作用下，我国传统农业向现代农业转变进程加快，现代农业产业体系逐步建立，农业功能形态和产业链条不断拓展，已经突破了传统种植养殖业和生产环节，成为产加销、贸工农融合发展的大农业。特别是城乡居民消费的升级，促进了绿色农业、设施农业、休闲农业、农业服务业等产业的快速发展，这些附加值高、投资回报快的产业提高了农业综合利润，成为吸引工商资本进入的重要领域。ChinaVenture（投中集团）旗下金融数据产品 CVSource 统计显示，2012 年国内 VC/PE 机构在农业领域 IPO 账面回报率创近三年新高，达到 6.98 倍，高于全部行业平均账面回报率 4.38 倍。

（四）资本避险需求和土地资源取向

现代农业具有需求稳定、抗周期性等特征，相比一些投资敏感的周期性行业，发展前景被广泛看好。在当前宏观经济增速下行，第二、第三产业多数领域已经形成激烈竞争格局的背景下，工商资本进入有发展潜力和相对安全的农业领域，占用更多资源、扩大发展空间成为一种趋势。同时，随着我国城镇化和工业化进程的加快推进，城乡土地需求不断增长，土地资源日益稀缺，价值也不断提升。居民消费需求的升级带来非粮生产收益提高，农村土地开发利用价值不断提升。在城市土地资源空间有限的条件下，农村土地的潜在价值成为工商资本瞄准的对象。在下乡的工商资本中，确实有一部分是以获取农村土地为目的的，这些资本打着农业产业化的旗号，在地方政府保护下，将土地从农民手中流转过来，然后逐步"非农化"和"非粮化"。

二　工商资本下乡的综合效应

针对工商资本下乡现象，有人认为会带动资金、技术、人才等稀缺资源向农业领域流动配置，有人则认为会造成"资本家剥削小农"，冲击农民经营主体地位和农村社会秩序，对此需要综合评价。

（一）积极效应

工商资本进入农业领域，必然会对农业要素结构、产出效率、农民就业增收等产生深刻影响，大体而言，将会带来以下三个积极效应。

1. 规模经济效应：要素关系优化与外部规模变动

规模经济是指生产规模达到一定程度而使生产、管理成本下降，从而利润增加的现象。规模经济产生的原因可以从内部和外部两个方面寻找，在我国农业生产中，存在生产要素投入同比例变化、耕种的土地面积扩大、零散土地整改等三种情况带来的内部规模经济，直接生产过程之外的公共设施、市场集聚、产业管理等规模变动的效益流入所带来的外部规模经济。[①]

工商资本进入农业领域带来的规模经济效应，主要体现在以下几个方面：一是资本进入农业领域，不仅带来了稀缺的资金，而且带动了技术、管理等先进生产要素向农村的配置，改变了长期扭曲的要素关系，优化了农业生产要素结构，有利于提高农业生产效率。二是工商资本通过土地流转集中了土地资源，实现了土地的集中连片经营和规模化种养，改变了土地经营过度细碎化造成的规模不经济，提高了农业经营效益。三是工商资本进入农业产前和产后领域，通过大规模的农业生产和农产品市场基础设施建设，增加了农业资本存量，强化了农产品的市场流通能力，提高了农业产业链整体效益，带动了农民就业增收。

2. 知识溢出效应：农业技术进步与人力资本提升

知识溢出（knowledge spillover）是指知识接受者将获得的知识与自有知识相融合开发出新的知识，却没有给予知识的提供者以补偿，因而提供者没有享受全部收益；或者给予的补偿小于知识创造的成本，接受者自觉或不自觉地没有承担全部成本的现象。知识溢出过程是不同主体之间通过直接或间接方式进行互动、交流，并在此过程中发生的无意识的传播过程。[②]

工商资本进入农业的知识溢出效应大体通过以下几个途径发生：一是基于知识人才流动的知识溢出。资本下乡带动了科技人才、管理人才等向农村的流动，促进了科技、管理知识在农业生产中的扩散和传播，有利于提高农业生产者素质，促进农业生产发展。二是企业家创业的知识溢出。工商资本投资农业，以工业理念来谋划发展农业，工商企业家拥有的创意、专利等会通过面对面交流、产业化经营等方

---

① 蔡昉、李周：《我国农业中规模经济的存在和利用》，《当代经济科学》1990 年第 2 期。
② 赵勇、白勇秀：《知识溢出：一个文献综述》，《经济研究》2009 年第 1 期。

式，对其他农业经营主体产生示范带动效应即学习效应，帮助其他经营主体提高生产效益、增加收入。三是产业投资的知识溢出效应。工商资本进入农业生产、加工、销售等环节，以供应商、顾客、合作伙伴等身份与农民、农民合作社、家庭农场等建立业务联系网络，通过前向联系和后向联系带动技术知识溢出，促进农业产业链的培育和发展。工商资本进入产生的知识溢出效应，有利于破解传统农业的"高水平均衡陷阱"。

3. 社会组织效应：合作组织培育与村庄发展

工商资本进入农业，不仅对农业生产活动产生影响，一定程度上重构了农村社会资本，给农村经济社会组织结构带来新的变化。一方面，促进了农村社会组织的发展。由于农户家庭土地规模普遍较小，工商资本与农户直接谈判流转土地成本高、合同执行风险大，这客观上催生了具有"统"的层次的"中间人"，促进了农村合作性组织的发展。农民合作有利于帮助资本降低"下乡"的交易成本，从而产生合作激励。从我们对浙江、重庆等地的调研看，工商资本下乡带动的农地流转，重新激活了家庭承包责任制实施后不断萎缩的村集体组织，在与工商资本谈判和合作的过程中，村级组织的主体性功能不断得到强化。同时，工商资本也带动了农业产业化组织的发展。另一方面，促进了农村社区发展。随着农村劳动力的大量外流，农村社会网络松散化，精英人才的流失和集体组织功能的弱化导致农村社会事业发展滞后。工商资本下乡促进了村级合作组织的发展，使农户利用村庄既有的合作资源建构了村庄发展的自主性，最后又维护并再造了村庄合作，[①] 促进了农村公共产品和社区福利的改善。同时，一些工商

---

① 陆文荣、卢汉龙：《部门、资本下乡与农户再合作：基于村社自主性的视角》，《中国农村观察》2013 年第 2 期。

资本利用自身人才、资金、技术等优势，积极参与农村社会事业发展，有效改善了农民生活条件。

（二）负面影响

工商资本进入农业领域，在缺乏必要约束和引导的条件下，可能会对农业和农村发展造成一些负面影响。

1. 小农挤出效应：威胁农民生计与社会稳定

正如马克思所言："资本主义生产形式的发展，割断了农业小生产的命脉；这种小生产正在无法挽救地走向灭亡和衰落。……资本主义的大生产将把他们那无力的过时的小生产压碎，正如火车把独轮车压碎一样是毫无问题的。"工商资本凭借自身优势，在市场竞争中占据有利地位，如果长时间大规模地直接参与农业经营，会在部分地区和一些利润较高的行业对小农生产形成替代，影响农民就业和增收。据对云南等地的调研发现，一些工商资本大量租用基本农田，建立数千亩、上万亩的蔬菜、甘蔗、苗木等经济作物生产基地，利用自身资金、规模、技术、信息以及销售渠道优势打压小农户，由于区域市场消费量有限，部分小农户不得不退出生产。

从一般意义上而言，资本挤出小农户是市场竞争的结果，有利于提高产业集中度和生产率，但由于我国仍有大量农民在农业领域就业，农业是这部分群体的生计来源，且农村社会保障制度仍不健全，如果不进行适当的引导，势必会带来社会稳定问题。同时，部分地区工商资本流入农民土地后，出于利润考虑无法雇用所有原先的承包农户，带来农民失业问题。此外，在产业化经营过程中，由于市场地位不对等，资本利用自身优势控制产业链，容易对农户生产形成支配地位，向小农户转嫁风险、挤压农户生存空间。

2. 公共利益损害：威胁粮食安全与社会福利

资本具有社会属性，承担一定社会功能，但资本的本性是逐利的，当资本逐利性与社会功能无法统一时，就可能损害社会公共利益。当前部分工商资本受土地价值诱惑进入农业，以"圈地"或非农化为目的，对国家粮食安全和重要农产品供给带来不利影响。另外，一些企业流转土地后"圈而不用"，导致农田抛荒、闲置浪费。部分工商资本以套取国家补贴为目的进入农业，不仅影响国家惠农政策实施效果，而且造成耕地资源的浪费和低效使用。同时，由于部分农产品资本化属性增强，工商资本进入农产品流通领域进行市场炒作，严重扰乱市场秩序，导致农产品价格大幅波动，不仅冲击了农业生产，影响国家宏观调控，而且对城乡居民消费也带来负面影响。此外，部分资本进入农业领域是为了获取独特性和稀缺性资源，为了获取利润，对稀有资源进行短期掠夺性开发，造成农业资源耗竭和环境损害。

3. 产业安全挑战：威胁发展主导权与资源安全

随着我国农业开放度的逐步提高，国外工商资本进入我国农业领域步伐加快，农业实际利用外资大幅增长。由于农业外资管理制度不健全，国外资本依靠雄厚的资金、先进的管理和完善的渠道体系，逐步从单一产业环节发展到控制整个产业链，形成"逐步渗透、分步控制"的格局。国外工商资本大量进入，不仅对国内生产者形成打压，而且通过对产业上游的原料和期货、中游的生产和加工、下游的市场渠道和知名品牌形成控制权，影响我国大宗农产品市场定价权，削弱国家宏观调控能力。此外，外国工商资本凭借强大实力掌握我国稀有、特有农业资源，可能控制整个产业链，导致资源价值流失，危及农业资源安全和发展主导权。目前，外资已经遍布我国种植养殖、生产加工、市场流通等产业链各环节，对国内市场产生了较大影响。

三　工商资本下乡的适宜领域

现代农业不同领域和价值环节的资本构成不同，可进入性和风险收益不同，基于农业产业链，从宏观、中观和微观三个层面，我们构建了一个工商资本进入现代农业适宜领域选择模型。

（一）领域选择标准

1. 工商企业层面：专业化知识

工商资本进入农业领域，可以视作企业的多元化经营行为。在彭罗斯（1959）看来，企业产业的选择和自身掌握的资源量有关，成功率与原有专长相关，企业进入领域的数目和产业的跨度受到企业资源及原有独特专长的约束。当企业多元化延伸到相关产业时会增加企业竞争力，而无关多元化通常只会耗散核心产业的目标、忠诚度和持续投资能力。[1] 由此可见，企业是否适合进入某一行业领域，很大程度上取决于企业的核心竞争能力与该领域的关键成功因素的匹配性。工商资本进入农业，应尽可能选择与原有业务相关或具有较强专业性知识的领域。相比种植养殖业而言，工商企业从事农产品加工、流通、农业服务业等行业所具备的专业化知识更多，这有利于减少进入成本，获取更多利润并规避风险。目前部分工商业主盲目跟风投资农业，由于缺少专业化知识，结果只能以投资失败收场。

2. 行业领域层面：风险收益率

工商资本进入农业具体领域，主要取决于该领域的吸引力，这又与市场动向、竞争动向、行业收益和发展环境有关。农业产业链和价

---

[1]　迈克尔·波特：《国家竞争优势》，华夏出版社，1990。

值链构成的"U"形曲线表明，上游、下游行业的产品附加值高于中游行业。虽然农业整体价值在不断提升，但不同环节的收益率存在较大差别。大体而言，农业种植养殖业环节竞争者数量较多，初级产品市场接近完全竞争市场，且一些大宗产品价格受国家调控影响较大，生产过程同时受自然风险和市场风险影响，相比上游环节（生产资料提供、社会化服务等）和下游环节（农产品加工、营销等）整体收益率偏低。农业上游环节和下游环节大多属于资本和技术密集型产业，对资本需求较大，市场竞争程度相对较低，可以通过差异化谋求利润和市场优势，更加适合工商资本进入。

3. 宏观管理层面：政策指向性

宏观政策变化会影响企业的决策偏好、行为和绩效。工商资本是否适合进入农业某一领域，不仅受其自身资源禀赋、核心能力和行业吸引力的影响，还取决于行业的可进入性，即政策的激励和规制程度。农业是国民经济的基础性产业，也是弱质性产业，部分行业和环节具有较强的公益性和外部性，如种子产业关系国家产业安全，粮食种植关系国家粮食安全和农民生计，政府的激励和管制程度（包括价格调控）相对较高，这些领域工商资本进入的盈利空间相对受限，而一些政策门槛较低、产业政策激励程度高的领域，更加适合工商资本进入。此外，由于涉及国内农业产业安全、国家经济安全和社会稳定，国外工商资本进入领域也受到一定限制。

（二）具体领域

依据选择标准，当前工商资本进入现代农业的适宜领域包括：适合企业化经营的种植养殖业、农产品精深加工业、农业生产性服务业、农业基础设施建设、大宗农产品市场储备等。

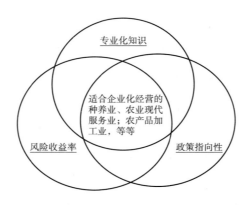

图 10 - 2　工商资本进入现代农业适宜领域选择

1. 适合企业化经营的种植养殖业

适合企业化经营的种植养殖业主要包括设施农业、规模化养殖业等。在现代技术条件下，动植物生长过程可以控制，雇员付出的劳动能够计量和监督，能够实现工厂化生产，且资金和技术门槛较高，[①]单个农户进入门槛较高，工商资本进入这些领域更有优势。同时，对工商资本而言，相比大田生产过程，在这些领域拥有更多可以移植的专业化知识，投资更有可能获得成功。而且，这些领域是国家政策支持的领域，是传统农业向现代农业转型的重要方向之一，具有较好的成长性和盈利性。

2. 农产品精深加工业

农产品精深加工业是国民经济基础性和民生保障的重要支柱产业，也是国民经济中最具成长活力的产业之一。我国农产品精深加工业总体发展水平较低，进一步提升空间还很大。基于目前部分农产品加工业产能过剩的现状，工商资本应优先进入资本密集型加工业，如粮油精深加工、皮毛精深加工、果蔬产地加工、水产品精深加工、特

---

① 陈锡文：《创新经营体系不是另起炉灶》，《人民日报》2013 年 2 月 1 日。

色农产品加工等。

3. 农业生产性服务业

农业生产性服务业是现代农业的重要组成部分，是具有巨大潜力和广阔前景的朝阳产业。目前我国农业生产性服务业发展较为滞后，与现代农业发展要求不相适应，加快发展农业生产性服务业是国家政策支持的重点方向。随着社会需求、组织制度和排他性技术的变化，农业生产性服务业盈利性和收益排他性持续增强，工商资本进入壁垒和风险下降。具体而言，可以重点进入良种服务、农资连锁经营、农产品现代物流、新型农技服务、农机跨区作业、农业信息服务等领域。

4. 农业基础设施建设

农业基础设施与农业生产息息相关，是农业经济发展的先行资本，属于优先发展的领域。目前我国农业基础设施建设投资主体单一、融资渠道窄，资金投入需求较大。由于农业基础设施投资大、回收期长，且缺乏长效盈利机制，政府准入门槛较高，农业基础设施建设对工商资本吸引力较小。但是，随着公共服务市场化改革的推进，政府向社会力量购买公共服务是必然趋势，支持力度会不断加大，一些适合市场化方式提供的农业基础设施将逐步推向市场，这为寻求"出路"的工商资本提供了机遇。从发达国家看，社会资本深度参与农业基础设施建设已经成为普遍现象。

5. 大宗农产品市场储备

我国大宗农产品市场储备过度依赖政府及其管理的少数国有企业，带来腐败、财政负担加重等一系列问题，调控整体效能不高。从国家完善农产品市场调控体系来看，吸引社会力量参与农产品市场调控是大势所趋。对工商企业而言，通过参与农产品调控体系，可以更好地将自身业务与社会责任相结合，获得政府更多支持，是其巩固自身优势、通过产业整合实现更快发展的重要支持。参与粮棉油糖等大宗农产品市场调控，特别是商业化储备和应急体系建设，将是工商资本未来可以有所作为的重要领域。

四　工商资本下乡的主要隐患

不论是从广度还是从深度来看，工商资本与农业的结合还只是刚刚开始，发展中存在一些需要关注和规避的风险隐患。

（一）工商资本"潮涌"带来盲目投资隐患

良好的社会共识会引发资金、企业大量涌入某个行业，出现投资的"潮涌现象"。农业是永不衰落的产业，现代农业投资前景被广泛看好，刺激了工商资本向现代农业领域"潮涌"。但是，在资本潮涌过程中，部分企业盲目跟风投资，对农业基本属性与农业投资的复杂性、长期性和风险性等缺乏深入认识。从目前进入农业领域的工商企业看，身份构成十分复杂，其中不乏房地产、建筑、医药等领域的企业，这些企业进入农业，有的是看到国家对农业的大力扶持，有的是以为搞农业比其他产业更容易，有的是基于朴素的农业情结，大多数有热情却没有科学规划，急于铺摊子、造声势，对自身经营农业的能力过于自信，对投资农业的风险估计不足，最后只能以失败收场，有的甚至"跑路"，导致农民土地租金收益无法兑付，引发农村一系列矛盾纠纷。

（二）政府"越位"主导埋下社会纠纷隐患

部分地方政府受干部考核机制中土地流转指标影响，出于政绩冲动，出台鼓励工商企业在农村租地经营的政策，并给予财政补贴、税收优惠、土地利用优惠等，不加限制地引进工商企业，大面积、长时间租赁农民土地，强制或欺骗手段流转农民土地，压低农民土地租金，对工商业主的"非农化"行为纵容包庇，甚至与企业合谋获取利益，导致农民利益受损。一些地方重"招商引资"、轻引导和服务，对引导工商资本进入适宜领域、解决融资用地问题、配合开展劳动力技能培训等缺少作为，许多承诺的优惠政策不能到位，导致企业经营困难。此外，在土地流转过程中，为了减少交易成本，不少地区土地流转合同是由村集体代表农民与工商业主签订的。为了保证土地的规模连片经营，部分地区甚至采取整村推进的方式，一旦工商业主经营失败"跑路"造成农民土地租金损失，村集体就成为农民不满的对象，引发基层治理冲突。

（三）土地流转关系不稳定留下发展隐患

由于农业投资收益期长，工商资本倾向于较长时间租赁农民土地，尽管十七届三中全会明确提出现有土地承包关系要保持稳定并长久不变，但大多数地区还没有落实这一政策的具体措施，工商业主与农民签订的合同大多以第二轮承包期为限，但由于合同到期后相关权益没有明确规定，影响企业投资积极性。同时，部分农民契约意识和法治观念不强，当市场价格或其他因素发生变化时，合同不到期就要收回土地，或要求增加土地租金，导致合同违约纠纷多，土地流转费用不断上涨，企业经营压力加大。此外，随着生产经营规模的扩大，工商业主需要建设相应生产配套设施，如农机用房、烘干用房等，但现行城乡建设用地增减挂钩并没有为此预留空间，影响企业正常生产经营活动，部分业主在农地上私自建设生产配套设施，不仅缺乏产权保护，甚至遭受相关部门的处罚。正如浙江某位水产公司负责人所言："搞种苗培育要建设温室和设施用房，但怕建了以后被卫星拍到，拍到了要罚款追究刑事责任，我们做点小生意，冒法律风险不值得，所以不敢加大投入。"

五 有序引导工商资本下乡

工商资本进入农业是我国经济发展阶段转变、农业向现代化转型、农村生产要素关系变化的必然结果，是市场利润、政策红利、圈地诱惑等共同引致的现象，是一个长期趋势而非"昙花一现"的短期热潮。工商资本具有逐利本性，在工商资本进入农业的过程中，可能泥沙俱下、鱼目混珠，带来粮食安全、农民利益受损、环境破坏等诸多问题，但是不能因此妖魔化工商资本下乡现象，事实上目前所言的工商资本下乡产生的负面效应，只是相关法律、制度、监管等缺位，相关配套改革没有跟进的结果。

对待工商资本下乡，宜"疏"不宜"堵"，赋予工商资本进入和退出农业领域的自由选择权，同时加快推进各项配套改革，搞好"准入管理"和过程监督，将资本的逐利性与农业的公共性结合起来。应在土地流转"三个不得"（不得改变土地集体所有性质、不得改变土地用途、不得损害农民土地承包权益）的前提下，加强引导、严格准入、强化监管、搞好服务，积极引导和鼓励工商资本进入适合企业化经营的种植养殖业、农产品精深加工业、农业生产性服务业、农业基础设施建设、大宗农产品市场储备等领域，促进农业资本深化，推动传统农业向现代农业加快转型。

第十一章
农村集体经济：培育乡村振兴新动能

与传统集体经济相比，新型农村集体经济具有产权基础多样性、成员主体开放性、资产可交易分割、经营管理民主化、外在功能纯粹化等特征。应从创设外部发展条件和完善集体经济组织内部运行机制入手，加快改造传统农村集体经济，发展壮大新型农村集体经济，为乡村全面振兴提供新动能。

在新的历史起点和发展阶段回溯过往，以家庭承包经营为基础、统分结合的双层经营体制，无疑是改革开放最为重要的制度创新成果之一。这一基本经营制度延续至今并展现出广泛的适应性和强大的生命力，带来农业生产力的飞跃和农村发展面貌的巨大变化。然而，或基于对集体经济历史得失的清算思维，或基于对集体经济内涵和功能的认识偏差，实践中"分"的层面进展充分，"统"的层面却相对滞后，重"分"轻"统"、"统"少"分"多，统分结合的制度潜能并没有得到充分释放。当前，我国农业发展进入新阶段，农村社会关系正在加快重构，过度强调"分"的生产组织模式已经越来越不适应农业生产力和农村发展的要求。实施乡村振兴战略，深化农业供给侧结构性改革，完善农村基本经营制度，亟须加快调整农村生产关系，补齐农村集体经济发展"短腿"。目前不少人疑虑传统村集体经济已经衰亡，发展集体经济已经过时；还有不少人以集体缺乏经营性资产[①]为由，否定集体经济组织的合理性和正当性。那么，农村集体经济真的已经过时了吗？新型农村集体经济有效运行的实现条件是什么？

一　新型农村集体经济的基本内涵

农村集体经济并非新生事物，但其内涵在实践中不断拓展演化。集体所有制思想可追溯至马克思和恩格斯，但他们提出的集体所有制等同于全社会所有制，与社会所有制、国家所有制等概念是相同和交叉使用的。[②] 列宁比较明确地提出了合作经济概念，并将合作社称为

---

① 根据农业农村部数据，截至2017年底，全国农村集体经济组织账面资产总额3.44万亿元，村均610.3万元。

② 中国社会科学院农村发展研究所"农村集体产权制度改革研究"课题组：《关于农村集体产权制度改革的几个理论与政策问题》，《中国农村经济》2015年第2期。

集体经济，但其所倡导的合作社主要在流通领域，并没有触及农民的私人生产和占有形式，与现今农村集体经济概念差别较大。斯大林则认为，社会主义阶段不可能立即建立起单一全社会公有制，农业必须实行大规模的集体化生产，"按照集体化路线联合起来和合并起来"，把分散的农户转变为"公共集体耕种制"的"大农庄"。新中国成立以来我国关于农村集体经济的讨论和实践，大体沿用了斯大林的思路，但与苏联不同的是，我国农村集体所有制最先是在土地私有的基础上发展起来的。我国农村集体经济的发展实践，过程几经波折却又生动异常，成为中国崛起、转型和复兴这幕历史大戏不可或缺的重要组成部分。

基于农村集体经济的重要性，邓小平同志1980年在《关于农村政策问题》中就明确指出，我国农业发展"总的方向是发展集体经济"。党的十五大、十六大、十七大、十八大报告[①]等多次明确提出鼓励发展多种形式的集体经济，习近平同志曾指出，"我国农业人口众多，只有不断壮大集体经济，让广大农民切实富裕起来，我们国家才能不断从富裕走向富强"。党的十九大报告提出，"深化农村产权制度改革，保障农民财产权益，壮大集体经济"。发展新型农村集体经济的重要性已毋庸置疑，但关于农村集体经济可持续性的争论和质疑似乎从其产生就从未间断过，集体经济"过时论""无用论"等不绝于耳。其中关键原因，是对新型农村集体经济的内涵缺乏统一认识。

---

① 党的十五大报告提出，"要支持、鼓励和帮助城乡多种形式集体经济发展，这对发挥公有制经济的作用意义重大"，"劳动者的劳动联合和劳动者的资本联合为主的集体经济，尤其要提倡和鼓励"。党的十六大报告提出，"深化集体企业改革，继续支持和帮助多种形式的集体经济的发展"。党的十七大报告提出，"推进集体企业改革，发展多种形式的集体经济、合作经济"。党的十八大报告提出，"壮大集体经济实力，发展农民专业合作和股份合作"。

（一）农村集体经济≠村集体所有制经济

组织体的构建方式往往并不是单一的、唯一的，将集体组织的具体形态视为非此即彼，可能导致经济组织形态的单一化。① 改革开放后，我国农村集体经济在实现形式、经营方式、利益分配等方面都发生了重要变化，但目前仍有不少人将农村集体经济等同于村集体所有制经济，这事实上是一种误解。共有产权、共同劳动和共同收益的村级集体所有制经济，只是集体经济的原型和一种组织形态。② 集体所有权作为一种团体所有，与之最近的是法制史上日耳曼法中以团队共同生存为目的的"总有"，这种制度有利于保障成员共同生存，但不利于财产的最大化利用。③ 在市场经济条件下，对农村集体所有制经济进行改造升级，并进一步创新集体经济实现形式，是关系集体经济发展的重要命题。

（二）农村集体经济≠集体共有经济

集体经济不仅包括集体所有权基础上形成的共同享有的经济，也包括由集体所有权派生和延伸出来的承包经营权所产生的个体经济，④ 即产权共同所有、家庭占有或承包、家庭经营，这是一种比较松散的集体经济。集体扮演的角色是提供一定的公共建设、安全保障等，或个体基于某些生产环节合作，形成经济协作或者合作社，农村土地股份合作就是这种经济形态的典型代表。农村土地股份合作是在家庭承包经营基础上，农民以土地承包经营权入股联合经营并共享收益的合作形式。

---

① 杨一介：《我们需要什么样的农村集体经济组织？》，《中国农村观察》2015 年第 5 期。
② 黄延信：《发展农村集体经济的几个问题》，《农业经济问题》2015 年第 7 期。
③ 于飞：《集体所有、共同共有、总有、合有的关系》，国务院发展研究中心农村集体产权制度改革研讨会会议论文，2014 年 12 月。
④ 徐勇：《厘清对集体经济的几种认识》，《农村经营管理》2016 年第 1 期。

（三）农村集体经济≠劳动的联合

传统意义上的集体经济，主要是劳动者的劳动联合；在新的时代条件下，集体经济不仅包括劳动者的劳动联合，还包括劳动与资本、技术、管理等联合，联合的目的是实现个体的发展。正如马克思所言："在真正的共同体的条件下，各个人在自己的联合中并通过这种联合获得自己的自由。"事实上，各种要素的联合也并不局限于农民（劳动者），在开放条件下，外来资本、技术等也应该成为集体经济发展的重要组成部分。

归纳而言，新型农村集体经济是指在农村地域范围内，以农民为主体，相关利益方通过联合与合作，形成的具有明晰的产权关系、清晰的成员边界、合理的治理机制和利益分享机制，实行平等协商、民主管理、利益共享的经济形态。新型农村集体经济组织是以产权明晰化为基础、以资产关系为纽带的契约型组织，而不是以地缘关系为基础的社区型组织，不仅包括改造后的村集体所有制经济，也包括基于私有产权形成的合作制和股份合作制经济，以及公有产权和私有产权联合的混合型集体经济（村级集体经济组织将土地等资源性资产和房屋、设备等经营性资产作为出资，社区外经济主体投入资金、技术等，共同发展农村混合所有制经济）。

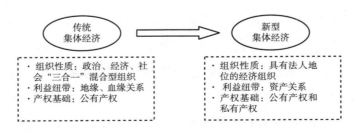

图 11 -1　传统集体经济与新型集体经济的内涵比较

二　新型农村集体经济的主要特征

与传统村集体所有制经济相比，新型农村集体经济同时承认产权公有和产权私有，在多个维度上实现了转变，即从传统社区共同体转向现代利益共同体、从行政关系主导转向契约关系主导。它具有以下五个方面的特征。

（一）产权基础多样性

新型农村集体经济具有多种实现形式，既包括集体所有权基础上形成的农村集体共有经济（共同所有、共同占有、共同经营）、集体所有权派生和延伸出来的相关权益合作形成的经济组织形态，也包括将资金、劳动等要素集中实行集体经营的合作经济（个人所有、产权合作、集体占有和经营），这是由产权的多样性所决定的。在传统社区型集体经济中，产权主体和成员权边界不清晰，权益被固化，要素流动不畅，导致集体经济形态过于单一，资产权益得不到充分保障。当前农村产权制度改革的不断深化，特别是"三权分置"改革的推进，为农村集体经济发展创设了产权基础。

（二）成员主体开放性

新型农村集体经济是一个以财产关系为纽带、相对开放的经济组织形态，获得集体成员资格的条件是个人与组织有财产关系（拥有经济组织的财产或向经济组织投资入股），① 而且成员边界是清晰的，成员有进退的自由。相比而言，传统社区型集体经济相对封闭，

---

① 黄延信：《发展农村集体经济的几个问题》，《农业经济问题》2015 年第 7 期。

主要表现为成员资格封闭性和股权转让封闭性，成员资格以地域和血缘产生的身份关系为基础，户籍往往是获得集体经济组织成员资格的重要标准。传统社区型集体经济组织成员与集体所有权的共同人构成时常混同，成员边界不清晰。

（三）资产可交易分割

传统农村集体经济具有明显的社区性，其成员不能单独行使所有权，不能在退出时分割集体所有的资产。与此不同的是，新型农村集体经济具有资产可流转和可分割性，由传统村级集体经济改造而来的新型农村集体经济，折股量化后的集体资产股权可以流转，这就赋予了成员自由选择权；合作型农村集体经济产权属于个人所有，退出时可以带走或通过转让处理自己的入股资产。集体资产权益的流转，为生产要素的流动和优化配置提供了条件，有利于集体资产市场价值的发现和兑现。

（四）经营管理民主化

新型农村集体经济组织是市场化主体，遵循市场化原则，其经营管理更加民主，生产经营重大决策一般由成员民主决定，成员享有的权利、承担的义务和做出的贡献相当。相比而言，人民公社时期实行高度集中、群众绝对服从的管理体制，社员按照组织领导分派的任务参加生产劳动；改革开放后，村级集体经济组织由于与村民自治组织、村民委员会管理混同，经营决策往往由少数村干部说了算，成员参与度不高。[①] 经营管理民主化，有利于形成科学决策，提高集体经济组织运行效率。

---

① 黄延信：《发展农村集体经济的几个问题》，《农业经济问题》2015 年第 7 期。

（五）外在功能纯粹化

由于传统集体经济组织与农村党组织、自治组织的权责关系没有理顺，行政事务、自治事务和集体经济经营事务边界不清，集体经济组织事实上承担了大量农村社区的公共责任，它是一个经济组织，更是一个政治组织，还发挥着社会组织的功能。[①] 由于公共服务目标与盈利性目标往往并非一致，农村集体经济组织经常陷入不能兼顾的两难境地。相比而言，新型农村集体经济组织具有法人地位，以追求经济利益为前提，历史负担和社会负担较轻，其功能更加明确和纯粹。

表 11－1　传统农村集体经济与新型农村集体经济的特征区别

项目	传统集体经济	新型集体经济
产权基础	集体所有权	集体所有权、集体所有权派生和延伸出来的相关权益、私人产权
成员边界	边界模糊、封闭性	边界清晰、开放性
集体资产	不可分割、不能流转	可分割、可流转
经营管理	集体统一经营、少数人决策	多种经营、成员民主决策
外在功能	政治、社会、经济功能	经济功能、利益取向

三　新型农村集体经济的运行机理

新型农村集体经济的形成与持续发展，需具备一定的条件，我们

---

① 中国社会科学院农村发展研究所"农村集体产权制度改革研究"课题组：《关于农村集体产权制度改革的几个理论与政策问题》，《中国农村经济》2015 年第 2 期。

尝试从外部约束条件和内部运行机制两个维度，构建一个新型农村集体经济形成与运行机理的分析框架（见图11-2）。

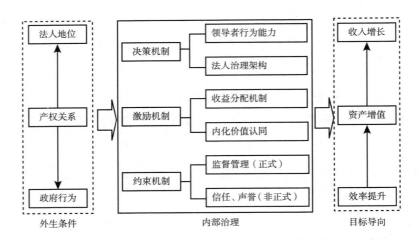

图 11-2 新型农村集体经济的形成与运行机理

（一）新型农村集体经济的形成条件

1. 集体产权关系清晰且权益可流转

产权关系和产权制度的明晰化，[①] 是农村集体经济组织参与市场竞争的基本前提。新型农村集体经济同时承认公有产权和私有产权，前提是产权关系必须清晰明确，并且资产权益可以流转。这不仅需要对产权主体、产权范围进行确定，更为重要的是确保资产权益可以流转。在市场经济体制下，只有集体资产股权自由流转，才能显示它们作为生产要素的潜在市场价值，如果仅对集体资产确权，而不允许其股权流转，[②] 集体资产价值就会大打折扣，农村集体经济也就是一潭

---

① 曲福田、田光明：《城乡统筹与农村集体土地产权制度改革》，《管理世界》2011年第6期。

② 方志权：《农村集体经济组织产权制度改革若干问题》，《中国农村经济》2014年第7期。

死水。

2. 具备独立的法律人格和法人地位

法人是社会组织在法律上的人格化，市场主体人格化要求明确农村集体经济组织的法人地位。[①] 长期以来，我国农村集体经济有法律地位却并无法人地位，限制了其参与市场竞争的能力，农村集体产权制度改革后形成的新型农村集体经济组织，也面临登记身份困惑和身份认同，缺乏依法参与市场经济活动的"通行证"。[②] 全国人大常委会二审民法总则草案，明确了农村集体经济组织的法人资格，规定"农村集体经济组织具备法人条件的，依法取得法人资格"。赋予农村集体经济组织特别法人资格，为新型农村集体经济组织成为真正的市场主体奠定了法律基础。

3. 明确的权责边界和政府有效作为

新型农村集体经济的健康发展，必须厘清与政府、农村党组织和村民自治组织的关系。传统集体经济组织建构在"三合一"的混合型基层组织架构基础上，[③] 与村级组织在身份上混同、功能上权责不清，造成背负公共负担过重，公共服务目标与盈利性目标冲突，[④] 发展受到较大限制。新型农村集体经济的发展，特别是新型村级集体所有制经济，必须厘清与村党支部委员会、村民委员会（简称"村两委"）的关系，推动集体经济组织集体资产运营功能的实现，并纳入政府政策支持框架体系和监管体系，以强化发展保障和规范监管。

---

① 张红宇：《关于农村集体产权制度改革的若干问题》，《农村经营管理》2015 年第 8 期。
② 韩俊：《中国农村土地问题调查》，上海远东出版社，2009。
③ 中国社会科学院农村发展研究所"农村集体产权制度改革研究"课题组：《关于农村集体产权制度改革的几个理论与政策问题》，《中国农村经济》2015 年第 2 期。
④ 农业部经管司、经管总站研究课题组：《发展壮大农村集体经济增加农民财产性收入》，《毛泽东邓小平理论研究》2012 年第 3 期。

（二）新型农村集体经济的治理机制

1. 符合市场经济要求的决策机制

新型农村集体经济组织作为现代市场竞争主体，必须建立符合市场经济要求的决策新机制。传统农村集体经济组织过于依赖领导人的权威和高度集中管理模式，而改制后重大决策"三会"（股东代表大会、董事会、监事会）制度也大多形同虚设，一些重大事项仍由村干部等少数人决定。[①] 建立新型农村集体经济组织科学决策机制，领导者的行为能力和法人治理结构建设至关重要。新型农村集体经济组织的领导人，不排除村级组织中的能人，但必须由懂管理、善经营、有道德感的人担任。法人治理结构应该包括股东、股东（代表）大会、董事会、监事会和总经理等层次，并通过章程规范各项权力在法人治理架构之间的分配，[②] 确保实现内部民主管理。

2. 正式与非正式激励机制

激励机制是组织管理的核心所在。传统农村集体经济缺乏有效的激励机制，成员积极性无法充分调动，导致发展缺乏效率。建立有效的激励机制，是新型农村集体经济组织实现科学管理的基础。要调动集体经济组织管理者、成员积极性，规避机会主义行为，需要有比较完善的正式激励制度，主要通过合理的收益分配机制实现，包括薪酬激励、福利激励等，让成员平等分享发展收益；但是，仅有正式激励并不够，要形成有效的集体行动，还需要有非正式的激励。激励理论认为，最出色的激励手段是让激励者自觉地充分发挥其特长及潜能。非正式的激励通过目标激励、诚信激励、公平激励、民主激励等方

---

① 谭芝灵：《新时期发展农村新型集体经济问题研究进展》，《经济纵横》2010 年第 5 期。

② 黄中廷、黄超：《建立现代农村产权制度　完善新型农村集体经济组织法人治理结构》，《北京农村经济》2012 年第 5 期。

式，可以强化成员组织认同和对目标的追求动力。

3. 有效的成员行为约束机制

有效的监督和约束，是确保组织得以有效运转的基础。传统农村集体经济组织缺乏监督和约束机制，产权不清晰造成成员缺乏监督动力，民主监督流于形式，导致侵占集体资产的行为时有发生，集体成员机会主义行为得不到有效治理。新型农村集体经济组织的有效运转，必须建立起完善的监督和约束机制，切实防止集体经济组织内部少数人侵占、非法处置集体资产，防止外部资本侵吞、非法控制集体资产。要实现有效的监督和约束，既依赖于正式的监督管理机制，同时信任、声誉等非正式机制作用也不能忽视，只有正式和非正式约束机制同时发挥作用，才能有效避免各类机会主义行为。

四　新型农村集体经济的实践模式

随着农村集体产权制度改革的深化，我国集体经济发展实践探索不断加快，出现村集体所有制经济、新型合作经济、混合所有制经济等多种集体经济实现形式，成为农村经济发展的重要组成部分。

（一）改制后的村集体所有制经济

这是一种基于农村集体产权制度改革，形成的村级集体经济"升级版"。成都温江区 2015 年被确定为全国农村集体资产股份权能改革试点县（区）后，以顶层设计兼顾农民民主为基础，全面推进农村集体经济组织股份合作制改造，建立了镇（街）、村（社区）、组三级农村集体股份合作组织 1234 个，股份量化集体资产 3.8 亿元，集体土地 3.29 万亩，颁发股权证书 7.1 万本。在此基础上，通过发展盘活存量资产型经济、资源开发型经济、资产经营型经济、农村服务业经济，实现了从"本本"到"本钱"、资源到资本的转变，农村集体经济得到发展壮大。2016 年，温江区农村集体资产 5.4 亿元，集体收入 2.1 亿元，集体资产在百万元、千万元以上的村（社区）分别达 58%、9%，有 30 个股份经济合作社年度分红总额 1235 万元，平均分红达到 41 万元以上。温江农村集体经济发展的实践，不仅在于通过确权实现了产权的清晰界定和还权赋能，更在于确定了农村集体经济组织的法人地位，并按照现代企业制度要求建立了相对完善的法人治理结构，实行了成员的民主管理，确保农村集体经济的规范化运营。但是，温江农村集体经济实行的是股权静态管理模式，"户内继承、社内流转、生不添死不减"，这固然可以确保起点公平，却不利于集体资产价值的显化，特别是缺乏新增人口参与集体经济的权益保障，从长期看会影响集体经济运营效率。

专栏1　成都温江区集体经济发展主要做法

"三固化"。推进集体资产清产核资和股份量化。固化资产，召开成员（代表）会议，形成清产核资结果决议和承包地、宅基地长久不变决议，并备案登记，实现资产固化；固化成员，按照原始取得、法定取得、申请取得三种方式，清理核实成员并编制清册，形成成员固化决议；固化股权，以户为单位向持股成员颁发股权证书，规范设置资产股和资源股，明确量化标准，股权实行"户内继承、社内流转、生不添死不减"，固化成员收益分配权。

"六公开"。按照"酝酿讨论、征求意见、群众表决"的议事程序，妥善化解矛盾纠纷和历史遗留问题，对改革涉及的清产核资结果、成员界定结果、股份量化方案、股份量化清册、合作社章程、股东代表名册实施民主监管"六公开"，构建农民充分参与机制，变"代民做主"为"以民为主"。

"三会四权"。建立健全集体经济组织现代法人治理体系，镇（街）、村（社区）、组三级集体经济组织分别登记为股份经济合作社联合总社、联社和合作社。按照现代企业制度的要求，选举产生组织机构，建立股东（代表）大会、董事会、监事会"三会"分设的管理体制和以股东知情权、参与权、表达权和监督权"四权"为核心的民主监督机制。探索政经分开，集体经济组织实现机构分开、职能分开、财务分开，构建以党组织为核心，自治组织、经济组织和社会组织协同参与的"一核多元、合作共治"基层治理机制。

"产改联动"。搭建区镇村"三级机构"、区镇村组"四级服务"的农村产权管理服务体系和"一中心三机制"（农村产权流转交易服务中心、农村产权价值评估机制、农村产权抵贷资产收储机制、农村产权抵押融资风险分担机制）的农村产权交易服务体系，探索农村集体经营性建设用地使用权等农村资产资源进入市场交易。

资料来源：根据相关资料整理。

（二）多种形式的新型农村合作经济

随着农村集体产权制度改革的深化和农业发展条件的变化，农民合作已经不再局限于生产领域，土地、信用、劳务、消费等领域的联合与合作越来越多见，包括：土地股份合作社，按照股份制和合作制的基本原则，农民以承包地的经营权作为主要出资方式，将土地承包经营权转化为股权，并按照股份从土地经营收益中获得一定比例分红，比较典型的有安徽的土地股份合作模式；农民信用合作，农民自发组建互助社，或在农民专业合作社内部开展信用合作，采取股金与互助金形式，集中社员的闲置资金，设定一定的费率，为社员提供融资服务，比较典型的有山东农民信用合作模式；农业综合合作，将农业生产合作转变为生产、销售、信用相结合的农村新型合作体系，比较典型的是浙江瑞安的"三位一体"模式。多种类型的新型农村合作经济，已经成为农村集体经济新亮点，相比村级集体经济而言，合作经营的形式更加灵活，在产权关系以及与政府、社区组织关系上更加明晰，成员集体权益的流转更加顺畅。但是，这些新型合作经济组织在内部治理机制上大多还有很大的改进空间，科学决策、有效监管和激励机制还没有完全建立，这为后续发展埋下了一定隐患。

专栏 2 不同类型的新型农村合作经济模式

安徽土地股份合作。主要采取以下三种模式：自主经营型，农民以承包土地经营权入股合作社，入股土地由合作社统一种植、统一管理、统一核算，年终按股份分红；内股外租型，农民以承包土地经营权入股合作社，在不改变土地用途的前提下，合作社采取对外租赁、再入股的经营方式，统一发包给专业种养大户或农业龙头企业，发展农业规模经营；内股外租＋自主经营型，农民以承包土地经营权入股合作社，合作社根据实际情况，宜包则包，宜租则租，可将一部分土地转包和租赁给专业种养大户或农业企业等集中经营，同时留出一部分土地进行自主经营。

山东农民信用合作。参加新型农村合作金融试点的农民合作社，达到规定的信用互助业务试点的准入条件，取得"农民专业合作社信用互助业务试点资格认定书"，接受农信社（农商行）作为自己的托管银行，试点社着眼解决农业农村"小额、分散"的资金需求。全省已有114个县（市、区）和14个开发区的334家合作社取得试点资格，参与社员2.3万余人，累计发生信用互助业务额超过亿元。

浙江瑞安综合合作。 浙江瑞安成立农民合作经济组织联合会，建立农民专业合作、供销合作、信用合作"三位一体"的新型合作体系，将各类农民合作经济组织、为农服务组织联合起来，为农民提供生产、供销、信用全方位服务。"三位一体"综合合作，实现供销合作社的流通优势、农民合作社的生产优势、信用合作社的资金优势，以及农业科技推广机构的技术优势等的结合，提高了生产和服务效率。2006～2016年，瑞安农业增加值从10.9亿元增加到22.3亿元，农村常住居民人均可支配收入从9439元增长到25570元。

资料来源：根据相关资料整理。

（三）混合型农村集体经济

这是一种以混合经营为主要内容的实现形式，村集体以集体资产资源参股农民专业合作社、经营稳健的工商企业，或发展混合所有制经济项目，贵州六盘水的做法具有一定典型性。2014年，贵州六盘水市推出"资源变资产、资金变股金、农民变股东"的"三变"改革，将村集体可经营性资产量化，采取存量折股、增量配股、土地入股等多种形式，转换为企业、合作社或其他经济组织的股权；将财政投入作为村的发展类资金（除补贴类、救济类、应急类外），转变为村集体和农民持有的资本金，投入企业、合作社或其他经济组织，村集体和农民按股比分享收益。2014年以来，共有51.48万亩集体土地、28.92万亩"四荒地"、68.3万平方米水域、5.86万平方米房屋入股；整合财政资金6.61亿元，撬动村级集体资金1.25亿元，农民分散资金4.28亿元、社会资金45.71亿元入股，新增村集体经济收入8856.3万元，2015年已全部消除"空壳村"；全市共减少贫困人口 55.87 万人。通过这种模式，一定程度上实现了农村资源、资产、资金的规模聚集和利用效率提升，增加了村集体和农民收入。需要注意的是，由于农村资产评估体系不健全，缺乏完善的定价机制，可能造成农户和村集体入股资源资产价值被低估；同时，由于一些企业和合作社治理机制不健全，村集体履行股东的职责、行使股东的权力受到限制，造成集体和农民利益受损。

专栏3　贵州六盘水市发展混合型集体经济的主要做法

村集体以土地经营权入股。在清理核实、确定权属的基础上，将未承包到户的集体资源经营权折价入股。盘县滑石乡岩脚村以 37.8 亩集体荒山和河滩地经营权，参照该市 28600 元/亩的征地补偿费标准折价 108.1 万元，入股贵州农熠农业开发有限公司。

村集体以实物资产入股。村集体将投资兴建或购买的房屋、建筑物、机械设备等实物资产作价入股，参与分红。六枝特区陇脚乡花德村将常年闲置的 1000 平方米原集体养殖场办公用房作为出资，入股驰诚养殖专业合作社。

财政投入资金入股。将财政投入农村的农业生态修复和治理资金、农村基础设施建设资金、支持村集体发展资金等量化为村集体股金，入股到合作社、龙头企业等，按股份获得收益。六枝特区落别乡抵耳村将财政壮大村级集体经济资金 100 万元入股朝华农业科技有限公司，种植高标准茶叶，项目建设前三年每年保底分红 8 万元，第四年起每年递增 1 万元，最高至每年 15 万元，股权及其收益纳入村级集体资产管理。

资料来源：叶兴庆：《以产权制度改革提高资源配置效率——六盘水"资源变股权、资金变股金、农民变股民"调查》，《中国经济时报》2016 年 2 月 29 日。

五　新型农村集体经济面临的困境

我国传统农村集体经济走向衰败，有内在治理机制方面的问题，也与外部制度条件息息相关，这些因素依然制约并影响着新型农村集体经济的发展，主要有以下几个方面。

（一）对发展集体经济存在认识上的误区或偏差

围绕农村集体经济的争论从没像当今这样广泛而激烈，不少人忽视了农村集体经济发展外部条件的变化，认为农村集体经济是计划经济的产物，并将以往出现过的集体组织视为农村集体经济组织的唯一形式，认为发展集体经济不符合市场经济发展潮流，集体经济"过时了"；有些人存在强制合作化的历史恐慌记忆，担心发展农村集体经济会重走老路，"重吃大锅饭""重搞政社不分"；也有不少人以集体缺乏经营性资产为由，认为传统村集体经济已经衰亡，发展集体经济已经"无用了"；还有不少人在私有经济发展道路上一路狂奔，否定集体经济组织的合理性，认为农村集体经济不合时宜，"去集体化"成为时髦主张。正是由于对农村集体经济的时代内涵和功能缺乏清晰的认识，村级集体经济以外的集体经济实现形式得不到重视和支持，从而制约了新型农村集体经济的发展壮大。

（二）农村集体资产股份流转权能不完整

目前我国农村集体产权制度改革正在加快推进，集体经济发展的产权障碍在逐步被清除。但明晰产权显然并不是解决问题的全部，对改制后形成的新型农村集体经济而言，集体资产股份流转的探索还比较滞后，制约了新型农村集体经济的深入发展。目前，改制后的集体经济股份转让仍限定在集体经济组织内部，主要担心是外部经济力量进入后会控制集体经济，这种做法与农村人口流动的大背景和做大做强集体经济的要求并不完全相符，有因噎废食之嫌。如果集体资产没有流动性，资产也就没有效益性，流动性不足的资产也无法准确定价。如果集体资产股权不能充分流转，集体资产也只能是"死资产"而无法有效盘活，成员所持有的集体资产股份价值就会大打折扣。激发农村集体经济内生发展动力，保障集体资产收益权，必须积极探索资产股权对外开放流转的步骤与方式。

（三）集体经济组织与"村两委"关系尚未有效重构

传统农村集体经济逐步走向衰败，一个很重要的原因是与村级组织的权责关系没有厘清，造成公共负担过重，缺乏市场竞争力。但从目前一些新型农村集体经济发展实践看，集体经济组织与乡镇政府、村组织的关系并没有完全厘清，新的关系结构并没有形成。一方面，从一些开展集体产权制度改革的地区来看，改制后形成的新型农村集体经济组织，经费与村委会并未真正实现分账管理、分账使用，其董事会或理事会、监事会成员大多仍由村干部、乡干部兼任，沿用原有管理乡镇、村级组织方式，缺乏驾驭市场经济、适应市场竞争的能力。另一方面，政府有效的服务和监管缺失。新型农村集体经济组织的健康发展，离不开政府服务和外部有效监管，但目前政府在农村集体经济组织发展方面的服务还比较少，对农村集体经济发展的监管还比较薄弱。

（四）适应市场经济要求的经营管理人才缺乏

新型农村集体经济组织是一个独立的市场主体，其市场竞争能力的形成与提升，取决于与之相匹配的经营管理人才队伍。目前，由于农村精英人才大量外流、现代人才"下乡"不足，不少地区村两委干部兼代管理集体经济组织，缺乏经营意识和管理才能，缺少长远发展眼光和创业精神。农村集体经济管理队伍素质不高，专业的经营管理人才缺乏，缺乏驾驭市场经济、适应市场竞争的能力，导致集体资产增值困难，这种问题在村级集体经济组织和新型合作经济组织发展过程中普遍存在。

六　创设新型集体经济发展的条件

当前我国"三农"发展阶段和国内外环境发生了重要变化，农村生产力快速发展而生产关系调整滞后，二者之间的矛盾逐步显现，目前关于是否要发展农村集体经济，以及如何发展农村集体经济的探索，事实上是一场对农村生产关系调整的重新思考。在新形势、新阶段下探讨农村集体经济的出路，无法回避市场经济条件下集体所有制的实现形式问题，而传统集体经济的衰败，显然也是不适应市场经济的必然结果。发展壮大新型农村集体经济，必须从完善外部约束条件和内部运行机制两方面入手，对传统农村集体经济进行全面改造，创造新型农村集体经济发展的有利条件。

一方面，创设新型农村集体经济发展的外部条件。目前关于农村集体经济发展的支持政策不尽系统，要将新型农村集体经济发展提高到支持家庭经营同等重要的高度，构建系统性、常态化的政策支持体系，全面打牢集体经济发展的制度基础。一是深化农村集体产权制度改革，尽快完善农村集体经济组织成员权认定办法，建立动态调整的农村集体经济组织成员制度，并逐步扩大集体资产可交易的对象范围，让"人"和"资产"真正流动起来；二是加快推动赋予农村集体经济组织特别法人资格政策落地，加快配套政策调整，为新型农村集体经济组织成为真正的市场主体奠定法律基础；三是推动农村"政经分离"，明确新型农村集体经济组织与村两委的权责边界，使新型农村集体经济组织逐步摆脱"沉重的包袱"，实现"轻装上阵"；四是支持发展农村混合所有制集体经济，鼓励村集体以集体资产资源参股农民专业合作社、经营稳健的工商企业，或发展混合所有制经济项目。

另一方面，完善新型农村集体经济组织内部运行机制。传统农村集体经济组织过于依赖领导人权威和高度集中的管理模式，存在少数人控制和决策问题，造成集体资产流失和组织低效率运行。新型农村集体经济组织是以资产关系为纽带的契约型组织，作为现代市场竞争主体，需要建立现代法人治理结构，形成符合市场经济要求的决策机制，确保民主管理和权力规范运行。同时，要构建有效的激励和监督机制，充分调动管理者和成员积极性，这是新型农村集体经济组织有效运行的重要条件，因此不仅要完善正式的激励和监督制度，还需要信任、声誉等非正式机制发挥作用。此外，要加强新型农村集体经济组织管理人才队伍建设，培养造就一批熟悉市场经济规则、有专业经营管理能力的人才队伍，为新型农村集体经济发展注入新鲜血液。

参考文献

［1］邓大才：《产权与利益：集体经济有效实现形式的经济基础》，《山东社会科学》2014 年第 12 期。

［2］方志权：《农村集体经济组织产权制度改革若干问题》，《中国农村经济》2014 年第 7 期。

［3］黄延信：《发展农村集体经济的几个问题》，《农业经济问题》2015 年第 7 期。

［4］黄延信：《深化农村集体产权制度改革的几个问题》，《农业经济与管理》2013 年第 5 期。

［5］黄延信、王刚：《关于农村集体产权制度改革几个重要问题的思考》，《农业经济与管理》2016 年第 1 期。

［6］韩俊：《在民法总则中明确集体经济组织的特殊法人地位》，《中国人大》2016 年第 21 期。

［7］黄振华：《能人带动：集体经济有效实现形式的重要条件》，《华中师范大学学报》（人文社会科学版）2015 年第 1 期。

［8］黄中廷、黄超：《建立现代农村产权制度　完善新型农村集体经济组织法人治理结构》，《北京农村经济》2012 年第 5 期。

［9］农业部经管司、经管总站研究课题组：《发展壮大农村集体经济

增加农民财产性收入》，《毛泽东邓小平理论研究》2012年第3期。

[10] 曲福田、田光明：《城乡统筹与农村集体土地产权制度改革》，《管理世界》2011年第6期。

[11] 谭芝灵：《新时期发展农村新型集体经济问题研究进展》，《经济纵横》2010年第5期。

[12] 王国敏、罗静：《农村集体经济：辩证审视、现实困境与必然出路》，《探索》2011年第3期。

[13] 彭海红：《关于发展我国农村集体经济的思考》，《中共四川省委党校学报》2015年第3期。

[14] 徐勇：《厘清对集体经济的几种认识》，《农村经营管理》2016年第1期。

[15] 徐勇、赵德建：《创新集体：对集体经济有效实现形式的探索》，《华中师范大学学报》（人文社会科学版）2015年第1期。

[16] 杨一介：《我们需要什么样的农村集体经济组织?》，《中国农村观察》2015年第5期。

[17] 于飞：《集体所有、共同共有、总有、合有的关系》，国务院发展研究中心农村集体产权制度改革研讨会会议论文，2014年12月。

[18] 张红宇：《关于农村集体产权制度改革的若干问题》，《农村经营管理》2015年第8期。

[19] 张应良、杨芳：《农村集体产权制度改革的实践例证与理论逻辑》，《改革》2017年第3期。

[20] 中国社会科学院农村发展研究所"农村集体产权制度改革研究"课题组：《关于农村集体产权制度改革的几个理论与政策

问题》，《中国农村经济》2015 年第 2 期。

[21] 周雪光：《组织社会学十讲》，社会科学文献出版社，2003。

[22] 王先明：《民国乡村建设运动的历史转向及其原因探析》，《史学月刊》2016 年第 1 期。

[23] 费孝通：《乡土中国·生育制度》，北京大学出版社，1998。

[24] 赵霞：《传统乡村文化的秩序危机与价值重建》，《中国农村观察》2011 年第 3 期。

[25] 斐迪南·滕尼斯：《共同体与社会：纯粹社会学的基本概念》，林荣远译，商务印书馆，1999。

[26] 叶超、陈明星：《国外城乡关系理论演变及其启示》，《中国人口资源与环境》2008 年第 2 期。

[27] 刘守英：《乡村振兴与城乡融合——城乡中国阶段的两个关键词》，爱思想（www. aisixiang. com），2017 年 10 月 23 日。

[28] 郭江平：《20 世纪 70 年代以来发达国家城乡人口流动的新特点及其启示》，《华中农业大学学报》（社会科学版）2005 年第 1 期。

[29] 黄志斌：《论人与自然和谐的超循环本质》，《科学技术哲学研究》2008 年第 8 期。

[30] 贺贤华、毛熙彦、贺灿飞：《乡村规划的国际经验与实践》，《国际城市规划》2017 年第 10 期。

[31] 赵保佑：《统筹城乡协调发展的国际经验与启示》，《学术论坛》2008 年第 3 期。

[32] 夏宏嘉、王宝刚、张淑萍：《欧洲乡村社区建设实态考察报告（一）——以德国、法国为例》，《小城镇建设》2015 年第 4 期。

[33] 夏宏嘉、王宝刚、张淑萍：《欧洲乡村社区建设实态考察报告

（二）——以丹麦、瑞典为例》，《小城镇建设》2015 年第 5
期。

[34] 马晓河、冯竞波：《以制度供给为重点深入推进城乡一体化发
展》，《经济》2017 年第 4 期。

[35] 陈锡文、赵阳、陈剑波、罗丹：《中国农村制度变迁 60 年》，
人民出版社，2009。

[36] 陈晓华：《坚持走中国特色农业现代化道路》，《农业经济问
题》2009 年第 10 期。

[37] 高帆：《中国农业现代化道路的"特色"如何体现》，《云南社
会科学》2008 年第 4 期。

[38] 韩长赋：《加快推进农业现代化　努力实现"三化"同步发
展》，《求是》2011 年第 19 期。

[39] 洪银兴：《中国特色农业现代化和农业发展方式转变》，《经济
学动态》2008 年第 6 期。

[40] 蒋和平：《中国特色农业现代化应走什么道路》，《经济学家》
2009 年第 10 期。

[41] 罗必良：《现代农业发展理论——逻辑线索与创新路径》，中国
农业出版社，2009。

[42] 牛若峰：《要全面理解和正确把握农业现代化》，《农业经济问
题》1999 年第 10 期。

[43] 牛若峰：《中国农业现代化走什么道路》，《中国农村经济》
2001 年第 1 期。

[44] 塞缪尔·P. 亨廷顿：《变化社会中的政治秩序》，王冠华等译，
生活·读书·新知三联书店，1989。

[45] 中国科学院可持续发展战略研究组：《中国现代化进程战略构
想》，科学出版社，2002。

［46］ 宋洪远：《"十五"时期农业和农村回顾与评价》，中国农业出版社，2007。

［47］ 范志勇、赵晓男：《要素相对丰裕度改变与中国供给结构调整》，《世界经济》2014年第8期。

［48］ 李谷成、范丽霞、冯中朝：《资本积累、制度变迁与农业增长——对1978～2011年中国农业增长与资本存量的实证估计》，《管理世界》2014年第5期。

［49］ 张乐、曹静：《中国农业全要素生产率增长：配置效率变化的引入——基于随机前沿生产函数法的实证分析》，《中国农村经济》2013年第3期。

［50］ 马晓河、涂圣伟、张义博：《推进新型城镇化要处理好四大关系》，《经济纵横》2014年第11期。

［51］ 马晓河、胡拥军：《一亿农业转移人口市民化的难题研究》，《农业经济问题》2018年第4期。

［52］ 陶然：《经济改革的突破口是土地制度改革》，《21世纪经济报道》2012年8月2日。

［53］ 范辉：《农村住宅空闲超一成 国土部称城镇低效用地超40%》，《北京青年报》2014年6月20日。

［54］ 黄韬：《论农村土地集体产权资本化流转》，《农村经济》2008年第3期。

［55］ 何安华、孔祥智：《中国城镇化进程中的低价"剪刀差"成因及测算（2002～2012年）》，《河北学刊》2015年第1期。

［56］ 韩俊：《中国农村土地问题调查》，上海远东出版社，2009。

［57］ 李果：《产权制度中的效率与公平》，《中国社会科学院研究生院学报》1995年第6期。

［58］ 王旭东：《中国农村宅基地制度研究》，财政部财政科学研究所

博士学位论文，2007。

[59] 姚洋：《作为制度创新过程的经济改革》，格致出版社，2008。

[60] 张云华：《完善与改革农村宅基地制度研究》，中国农业出版社，2011。

[61] 喻文莉：《转型期宅基地使用权制度研究》，法律出版社，2011。

[62] 王克强：《中国农村集体土地资产化运作与社会保障机制建设研究》，上海财经大学出版社，2005。

[63] 欧阳安蛟：《农村宅基地使用权管理制度研究》，浙江大学博士学位论文，2010。

[64] 吴郁玲、石汇、王梅、冯忠垒：《农村异质性资源禀赋、宅基地使用权确权与农户宅基地流转：理论与来自湖北省的经验》，《中国农村经济》2018年第5期。

[65] 黄奇帆：《地票制度实验与效果——重庆土地交易制度创新之思考》，《学习时报》2015年5月4日。

[66] 杨勇：《集体建设用地价格形成机制研究》，四川大学硕士学位论文，2006。

[67] 张洲：《集体建设用地流转价格评估方法应用研究》，首都经济贸易大学硕士学位论文，2014。

[68] 黄贤金、陈志刚、钟太洋：《土地经济学》，科学出版社，2009。

[69] 王文、洪亚敏、彭文英：《集体建设用地使用权流转收益形成及其分配研究》，《中国土地科学》2009年第7期。

[70] 姚洋：《中国农地制度：一个分析框架》，《中国社会科学》2000年第2期。

[71] 饶永辉：《农村集体建设用地流转问题研究》，浙江大学博士学位论文，2013。

［72］张梦琳：《集体建设用地流转的资源配置效应与优化调控研究》，南京农业大学博士学位论文，2010。

［73］文枫等：《农村集体建设用地流转研究进展》，《地理科学进展》2011年第9期。

［74］陈霄：《农村土地金融开发的条件、框架与对策》，《西部论坛》2012年第3期。

［75］陈志武：《金融是什么》，《南方周末》2009年8月6日。

［76］黄少安、赵建：《土地产权、土地金融与农村经济增长》，《江海学刊》2010年第6期。

［77］段正梁、张维然、叶振飞：《论土地价值的内涵、来源及其特殊性》，《同济大学学报》（社会科学版）2004年第2期。

［78］张海洋、李伟毅：《让"三权分离"的农地制度实至名归》，中国金融信息网（http：//news. xinhua08. com），2014年1月21日。

［79］徐有俊：《农村宅基地何去何从?》，《证券导刊》2014年第4期。

［80］刁怀宏：《信息不对称、风险规避与农地金融合约——基于农户与贷款者的分析》，《中央财经大学学报》2005年第9期。

［81］韩莉：《试论新型城镇化下的农地金融发展》，《改革与战略》2014年第3期。

［82］朱海军：《福建农地金融制度构建研究》，福建农林大学硕士专业学位论文，2009。

［83］李延敏、罗剑朝：《国外农地金融制度的比较及启示》，《财经问题研究》2005年第2期。

［84］黄小彪：《农村土地证券化：功能、障碍与对策分析》，《生产力研究》2005年第10期。

[85] 李永生、程鸿飞：《工商企业租赁农户承包耕地要监管》，《农民日报》2013 年 2 月 2 日。

[86] 彭小辉、史清华：《"卢卡斯之谜"与中国城乡资本流动》，《经济管理研究》2012 年第 3 期。

[87] 姚洋：《高水平陷阱——李约瑟之谜再考察》，《经济研究》2003 年第 1 期。

[88] 蔡昉：《刘易斯转折点后的农业发展政策选择》，《中国农村经济》2008 年第 8 期。

[89] 道格拉斯·C.诺斯：《制度、制度变迁与经济绩效》，杭行译，上海三联书店，2008。

[90] 江海潮：《产业政策激励、产业剩余分配与产业政策效应》，《产业经济评论》2007 年第 12 期。

[91] 蔡昉、李周：《我国农业中规模经济的存在和利用》，《当代经济科学》1990 年第 2 期。

[92] 赵勇、白勇秀：《知识溢出：一个文献综述》，《经济研究》2009 年第 1 期。

[93] 建设社会主义新农村目标、重点与政策研究课题组：《部门和"资本下乡"与农民专业合作经济组织的发展》，《经济理论与经济管理》2009 年第 7 期。

[94] 陆文荣、卢汉龙：《部门、资本下乡与农户再合作：基于村社自主性的视角》，《中国农村观察》2013 年第 2 期。

[95] 恩格斯：《法德农民问题》，《马克思恩格斯选集（第 4 卷）》，人民出版社，1995。

[96] 石霞、芦千文：《工商资本下乡要扬长避短》，《农民日报》2013 年 7 月 13 日。

[97] 伊迪丝·彭罗斯：《企业成长理论》，赵晓译，上海三联书店，

上海人民出版社，2007。

[98] 迈克尔·波特：《国家竞争优势》，华夏出版社，1990。

[99] 王明德、徐昊：《农业生产资源价值回归》，《中国证券报》2009 年 1 月 14 日。

[100] 陈锡文：《创新经营体系不是另起炉灶》，《人民日报》2013 年 2 月 1 日。

[101] 贺军伟、王忠海、张锦林：《工商资本进入农业要"引"更要"导"——关于工商资本进入农业的思考和建议》，《农村经营管理》2013 年第 7 期。

[102] Rozelle, S., 黄季焜：《中国的农村经济与通向现代工业国之路》，《经济学（季刊）》2005 年第 4 期。

[103] Y. Hayami, W. Ruttan, *Agricultural Development: An International Perspective*, *Revised and Expanded*, Baltimore, MD.: The Jones Hopkins Press, 1985.

[104] Cesar C., Alberto C., Gianmarco. L., "Institutional Enforcement, Labor-market Rigidities, and Economic Performance", *Emerging Markets Review*, 2006, 8 (1).

[105] Dietrich A., Krüger J., "Long-run Sectoral Development: Time-Series Evidence for the German Economy", *Structural Change & Economic Dynamics*, 2010, 21 (2).

[106] Hopper, W. D., "Allocation Efficiency in a Traditional Indian Agriculture", *Journal of Farm Economics*, 1965, 47 (3).

[107] Jin S. Q., Huang J. K., Hu R. F., Rozelle, S., "The Creation and Spread of Technology and Total Factor Productivity in China", *American Journal of Agricultural Economics*, 2002, 84 (4).

[108] Mellor, J. W., *The Economics of Agricultural Development*, Ithaca,

N. Y. : Cornell University Press, 1966.

[109] Sahota, G. S. , "Efficiency of Resource Allocation in Indian Agriculture", *American Journals of Agricultural Economics*, 1968, 50 (3) .

[110] Schultz, T. W. , *Transforming Traditional Agriculture*, New Haven: Yale University Press, 1964.

[111] Mark Elvin, *The Pattern of the Chinese Past*, Stanford: Stanford University Press, 1973.

[112] Lothian, J. R. , "Institutions, Capital Flows and Financial Integration", *Journal of International Money and Finance*, 2006.

图书在版编目（CIP）数据

中国乡村振兴的制度创新之路／涂圣伟著. -- 北京：
社会科学文献出版社，2019.6
ISBN 978 - 7 - 5201 - 4886 - 3

Ⅰ.①中…　Ⅱ.①涂…　Ⅲ.①农村 - 社会主义建设 -
研究 - 中国　Ⅳ.①F320.3

中国版本图书馆 CIP 数据核字（2019）第 095302 号

中国乡村振兴的制度创新之路

著　　者／涂圣伟

出 版 人／谢寿光
责任编辑／吴　敏

出　　版／社会科学文献出版社·皮书出版分社（010）59367127
　　　　　　地址：北京市北三环中路甲 29 号院华龙大厦　邮编：100029
　　　　　　网址：www.ssap.com.cn
发　　行／市场营销中心（010）59367081　59367083
印　　装／三河市龙林印务有限公司

规　　格／开本：787mm × 1092mm　1/16
　　　　　　印张：18　字数：221 千字
版　　次／2019 年 6 月第 1 版　2019 年 6 月第 1 次印刷
书　　号／ISBN 978 - 7 - 5201 - 4886 - 3
定　　价／69.00 元

本书如有印装质量问题，请与读者服务中心（010 - 59367028）联系

▲ 版权所有 翻印必究